中国资产托管行业发展报告

（2017）

中国银行业协会托管业务专业委员会
中国资产托管行业发展报告课题组　编著

中国金融出版社

责任编辑：孔德蕴
责任校对：李俊英
责任印制：张也男

图书在版编目（CIP）数据

中国资产托管行业发展报告.2017（Zhongguo Zichan Tuoguan Hangye Fazhan Baogao）.2017/中国银行业协会托管业务专业委员会，中国资产托管行业发展报告课题组编著.—北京：中国金融出版社，2017.8

ISBN 978-7-5049-9114-0

Ⅰ.①中… Ⅱ.①中… ②中… Ⅲ.①商业银行—资产管理—研究报告—中国—2017 Ⅳ.①F832.33

中国版本图书馆CIP数据核字（2017）第180850号

出版
发行 中国金融出版社
社址 北京市丰台区益泽路2号
市场开发部 （010）63266347，63805472，63439533（传真）
网上书店 http://www.chinafph.com
 （010）63286832，63365686（传真）
读者服务部 （010）66070833，62568380
邮编 100071
经销 新华书店
印刷 北京市侨友印刷有限公司
装订 平阳装订厂
尺寸 169毫米×239毫米
印张 11.25
字数 150千
版次 2017年8月第1版
印次 2017年8月第1次印刷
定价 65.00元
ISBN 978-7-5049-9114-0
如出现印装错误本社负责调换 联系电话（010）63263947

DEVELOPMENT REPORT
of CHINA ASSET CUSTODY INDUSTRY(2017)

2017 中国资产托管行业发展报告 编委会

报告编委会

主　　　编：潘光伟
副 主 编：康　义　　黄润中
编　　　委：胡忠福　　张　芳　　白瑞明　　张　亮　　古　瑞　　郭三野
　　　　　　赵　濛　　金淑英　　马曙光
执 行 主 编：邓剑军　　李　勇　　顾　林　　原　玎　　袁庆伟　　杨　洪
　　　　　　曾闻学　　杨春萍　　刘长江　　吴若曼　　陈正涛　　刘　晔
　　　　　　蒋　柯　　赵亚萍　　陈　辰　　张　浩　　黄镇辉　　姜　然
　　　　　　陈秀良　　王　蕤　　田东辉　　丁文忠　　杨　强　　朱群力
　　　　　　董　平　　柯振林

编写组成员

编写组组长：张薄洋　　马　丽
编写组成员：任　航　　李步云　　李亚红　　李国杰　　刘　悦　　郭　明
　　　　　　王　涛　　赵　晔　　倪　娜　　王云鹏　　周毓彤　　陆志俊
　　　　　　唐　丽　　刘珊珊　　王　晟　　崔海波　　路铠僖　　刘　欢
　　　　　　许照春　　陈永庆　　崔　莹　　司徒珑瑜　张　异　　李玉彬
　　　　　　高　怡　　闫　朝　　盖　君　　戴　辉　　李　今　　白　羽
　　　　　　杨鸿海　　桂振宁　　许　昊　　吕舒雯　　袁　静　　刘婧元
　　　　　　靳红伟

DEVELOPMENT REPORT
of CHINA ASSET CUSTODY INDUSTRY (2017)

2017 中国资产托管行业发展报告

序言一

2016年以来，中国经济在稳中求进工作基调的指引下，坚持贯彻落实稳增长、调结构、惠民生、防风险的工作方针，深入推进供给侧结构性改革，总体上保持了稳中有进、稳中向好的发展态势。中央反复强调，供给侧结构性改革是破解当前经济难题、实现宏观经济重要趋势变化的重要方法。供给侧结构性改革的方法在金融服务领域已经有很多具体实践。中央对内提出的"供给侧结构性改革"方法与对外提出的"一带一路"发展战略深刻启发我们，既要理解这些重要的战略部署与方法指引，更要理论联系实际在金融服务的转型升级工作中运用这些方法与策略。

从1998年起步发展至今，中国的资产托管行业实现了从无到有、从小到大、从总部本级经营到系统经营、从国内到国际、从银行专营到多行业经营等多个方面的转变，在经营管理模式、产品体系建设、技术服务手段、托管理论研究等方面也取得了长足的进步，仅用18年的时间就实现了全行业托管规模突破100万亿元的历史性、跨越式的发展。与此同时，我们必须清醒地看到，国内资产托管行业的发展质量不高、产业链整合能力不强、平台生态系统未构建成型、集约化内生性增长缺失等问题普遍存在。在高度同质化的竞争环境中，解决这些问题，通过创新安排来推动传统托管业务模式的转型升级，已经成为资产托管业务全行业的共同诉求。

从2016年开始，国内一些先进的托管银行开始在业务功能的转型升级工作上有所部署。有的银行开始研究托管业务开设融资融券业务的可能性；有的银行开始建设基于清算路径的资产管理功能；有的银行开始思考在大数据思维与人工智能模式下的托管银行；有的银行在思考供给侧结构性改革背景下的托管供给改革问题；有的银行开始探索托管业务的公司化发展模式……所有这些变化反映出国内托管银行正在悄无声息地酝酿一场深刻的功能革命，这些尝试与探索的工作必将对整个资产托管行业的转型升级、功能再造产生重要的影响。根据中国银行业协会托管业务专业委员会的安排，中国农业银行承担了牵头撰写《中国资产托管行业发展报告（2017）》的工作任务。编写组全体同志始终紧扣供给侧结构性改革这样一个主线，全面反映了行业的重大事件与变化情况，揭示出了行业发展的一些重要趋势与发展规律。

托管业务是中国商业银行由传统银行向新型银行升级过程中的重要发展方向，正在显露出其蓬勃向上的业务生命力。《中国资产托管行业发展报告（2017）》既是2016年至2017年中国托管行业的全面记录，也是整个行业新旧时期的重要里程碑。《中国资产托管行业发展报告（2017）》所揭示的一些历史性变化，更是具有全行业创新驱动、结构调整、转型升级意义的分水岭事件。所有这些先进性、创造性的努力短期之内也许不能形成立竿见影的效果，但这些开创性的工作所形成的创新局面与改革气象，这些顶层设计工作所内含的战略价值，必将推动整个中国资产托管行业向更加集约化、精细化的方向快速发展。

中国农业银行董事长

DEVELOPMENT REPORT
of CHINA ASSET CUSTODY INDUSTRY(2017)

2017 中国资产托管行业发展报告

序言二

2017年，是中国资产托管行业砥砺前行的第20个年头。20年间，行业从零起步，发展至超过120万亿元的规模；从封闭式基金发源，开拓了包括券商资管、保险、信托、银行理财、养老金、跨境投资、社会公益、互联网客户资金在内的诸多领域；从政策导入的被动托管到管理人和投资者认可的主动托管；从银行中间业务延伸成为资产管理行业发展的配套制度和社会诚信体系的组成部分，日益彰显出广泛的市场适应性和良好的业务表现。

近年来，世界经济缓慢复苏，国内外金融形势错综复杂。在近期召开的全国金融工作会议上，确定了中国金融行业以回归本源、结构优化、强化监管和市场导向为原则，以服务实体经济、防范金融风险、深化金融改革为主要任务的发展方向。资产托管行业的本质是以账户设立和管理职能保障资产安全独立，以资金划付和清算、核算手段保障直接融资效率和准确性，以投资监督、专业报告、信息披露等专业服务满足管理人和投资者多元需求，发挥了维护金融安全和社会稳定的作用，契合了中国金融发展的大方向和总基调。具体来看，托管制度主要发挥了三个方面的作用：

一是健全资金运作机制，契合资管行业需求。资产管理行业规模日益增长、领域不断拓宽、业务范围交叉融合、产品创新层出不穷，亟须托管制度作为安全保障；此外，托管业务还在社保基金投资运作、财政资金和公益基金组织管理、互联网客户资金交易等方面得以运用，实现了资金所有权、使用权、监督权的分立和制衡。

二是保障交易合规运作，助力实体经济发展。通过为信托财产、产业基金、私募、保险计划等项目提供安全保管、后台运营等综合化金融服务，资产托管为金融资产进入实体经济牵线搭桥，促进金融资金和实体资产有效对接。

三是提升银行综合经营能力，推动银行业转型发展。资产托管涉及领域宽广，与各金融领域在业务流程、产品服务等方面互动互促，成为银行业与其他行业合作的渠道之一。凭借资本节约、收入稳定、协同作用显著等优势，资产托管积极推动商业银行向资源整合者、风险匹配者和财富管理者转型升级。

明者因时而变，知者随事而制。为更好地总结经验、促进行业发展，《中国资产托管行业发展报告（2017）》的发布和出版恰逢其时。《报告》以"供给侧结构性改革下的资产托管行业发展"为主线，立足于当前经济金融环境，分析了新时期托管行业面临的发展机遇、瓶颈以及相应的转型升级举措；以数据为基础、以案例为依托，从规模收入、产品结构、政策制度、业务创新、风险管控等维度阐述了托管行业发展现状；结合行业热点和政策动向，深度剖析了资产托管行业发展趋势，给行业以发展启鉴。

2017年是供给侧结构性改革的深化之年，中国资产托管行业进入大有可为的重要战略机遇期,也面临着诸多新的挑战。托管行业需从提升服务质效出发,增强主动发展能力,夯实业务运作基础,推动行业向差异化、精细化方向发展,加快产业转型升级,做好托管行业积极服务供给侧结构性改革的大文章,更好地为资产管理市场健康发展保驾护航,为金融行业行稳致远做出更大贡献!

中国银行业协会专职副会长

潘光伟

DEVELOPMENT REPORT
of CHINA ASSET CUSTODY INDUSTRY(2017)

2017 中国资产托管行业发展报告

前 言

《中国资产托管行业发展报告》是中国银行业协会托管业务专业委员会组织编写、发布和出版的资产托管行业权威年度报告。

《中国资产托管行业发展报告（2017）》围绕"供给侧改革背景下托管行业主动调整升级"这个主题，着力阐述了供给侧结构性改革对资产托管行业发展的新要求，详细分析了资产托管市场发展情况，深入解读了资产托管的政策与制度环境，全面总结了资产托管业务的创新与风险管理，科学研判了资产托管行业发展趋势和发展前景，综合呈现了近一年来我国资产托管行业发展的成果。

一是蓬勃发展，托管行业保持了高速增长。随着国民财富的迅速积累和资产管理行业的发展壮大，国内托管行业资产规模逐年上升。截至2016年末，中国银行业资产托管存量规模达121.92万亿元，较2015年末增长了39.03%，2010—2016年托管规模平均复合增长率达53.06%。虽然整体增速略有放缓，但是整个行业规模依然保持着持续增长的势头。

二是厚积薄发，托管业务的重要性日益体现。随着供给侧结构性改革深入推进，我国经济转型升级步伐加快，需要银行提供更多针对性强、附加值高的综合金融服务，逐步实现从融资型业务向投资型、中介型业务的转变，托管业务恰属于此类业务。托管业务是轻资本占用的低风险业务，在促进稳存增存、维护客户关系、增加盈利来源、推动业务创新等方面发挥着积极作用，对商业银行的综合贡献度日益提升。截至2016年末，存托比达到了78.4%，存托系数为53.89%，托管业务已经成为商业银行重要的战略性中间业务。

三是改革深化，托管行业面临重大发展机遇。随着供给侧改革的不断推进，资产管理行业创新日益活跃，多元化的投资渠道和产品不断涌现，监管部门提出全面引入第三方独立托管机制的要求，国家养老保障体制改革也在紧锣密鼓地推进，基本养老保险基金投资运营，职业年金市场的出现，养老保障第三支柱逐渐浮出水面，这些都为托管业务发展提供了广阔的市场。一带一路及人民币国际化则加速托管业务与国际接轨，拓展了托管业务发展的空间。同时，利率市场化、金融脱媒等因素，使金融业态发生了显著变化，托管业务在商业银行内部地位的日益提升，为托管行业的发展创造了良好的内部环境。

四是顺势而为，托管行业主动调整升级。供给侧结构性改革为资产托管行业带来了新机遇，也对其发展定位、管理体制、经营模式及服务功能等提出了新要求。资产托管行业必须不断加快创新转型步伐，才能在助推供给侧结构性改革的同时实现自身的跨越式发展。为此，托管银行为取得进位突破，在组织体制与管理机制方面不断革新。采取的措施主要有：实施托管业务事业部制或公司制改革；通过有竞争力的薪酬激励机制来配置人力资源、推动业务发展；通过发行多元化的产品来推动业务规模发展；通过升级服务功能，将托管服务向以行政管理、绩效评估、交易撮合等高附加值、综合型的增值服务拓展，为资产管理行业提供全面的投资者服务，从根本上提升托管业务的竞争力。各家托管银行改革的程度有强有弱，改革的顺序有先有后，但无论如何，托管银行必须迈出升级发展的重要一步，才能实现自身及至托管行业的整体发展。

新形势下，中国资产托管行业站在了新的历史起点上，只有转型升级，与国际接轨，才能保持持续、健康、快速的发展势头。托管行业全体同仁应把握经济发展脉搏，适应经济发展环境，顺势而为，大胆革新，共同努力推动中国资本市场和资产托管行业的发展，以更加优异的成绩迎接党的十九大的召开！

《中国资产托管行业发展报告（2017）》课题组

DEVELOPMENT REPORT
of CHINA ASSET CUSTODY INDUSTRY(2017)

2017 中国资产托管行业发展报告

目　录

第一章　供给侧结构性改革对资产托管行业发展的新要求 /001

第一节　资产托管行业面临重要发展机遇 /001
第二节　资产托管行业传统发展模式驱动效应减弱 /006
第三节　资产托管行业发展出路 /009

第二章　资产托管市场发展情况 /015

第一节　托管行业发展概述 /015
第二节　市场规模与收入 /017
第三节　业务种类与产品结构 /022

第三章　资产托管政策与制度环境 /035

第一节　基金证券类 /035
第二节　保险资管类 /042
第三节　养老金类 /046
第四节　跨境资产类 /050
第五节　其他有关政策法规 /054

第四章　资产托管业务创新与风险管理 /063

第一节　组织结构与发展机制创新 /063
第二节　产品与服务创新 /064
第三节　营运能力创新 /068
第四节　系统与流程创新 /069
第五节　风险管理 /072

第五章　资产托管行业趋势与展望 /077

第一节　金融行业严监管背景下的资产托管行业发展 /077
第二节　养老保障体制改革下的资产托管业务趋势 /081
第三节　"大数据"技术下的资产托管业务发展 /085
第四节　全球化背景下资产托管业务的机遇与挑战 /092

第六章　托管银行业务特点 /099

第一节　中国工商银行 /099
第二节　中国农业银行 /101
第三节　中国银行 /103
第四节　中国建设银行 /106
第五节　交通银行 /108
第六节　中信银行 /110
第七节　中国光大银行 /112
第八节　华夏银行 /114
第九节　中国民生银行 /117
第十节　招商银行 /118
第十一节　兴业银行 /120
第十二节　广发银行 /123
第十三节　平安银行 /124

第十四节　上海浦东发展银行 /126

第十五节　恒丰银行 /129

第十六节　浙商银行 /130

第十七节　渤海银行 /132

第十八节　中国邮政储蓄银行 /135

第十九节　北京银行 /137

第二十节　包商银行 /138

第二十一节　上海银行 /140

第二十二节　江苏银行 /142

第二十三节　南京银行 /144

第二十四节　杭州银行 /146

第二十五节　宁波银行 /148

第二十六节　广州农村商业银行 /150

附件：中国资产托管行业2016年大事记 /153

后　记 /157

第一章　供给侧结构性改革对资产托管行业发展的新要求

推进供给侧结构性改革，是党中央、国务院在综合研判世界经济周期和我国发展阶段性特征的基础上作出的重大战略决策，也是金融业服务实体经济的重要指针。在国家推进供给侧结构性改革的大背景下，商业银行通过经营理念和文化的转变、服务模式和产品的创新、组织机制和管理的变革，增加有效金融产能供给、提高服务质量和效率、优化金融资源配置，既是新形势下商业银行转型发展的迫切要求，也有助于更好地发挥对实体经济供给侧改革的支持作用。

供给侧结构性改革将创造新供给、释放新需求，要求商业银行逐步向多功能的综合金融服务商转型。资产托管是商业银行涉及领域最广、专业化及综合化经营特征最为显著的中间业务之一，是轻资本低风险的战略新兴业务，具有广阔的市场空间和巨大的发展潜力，将长期处于黄金发展期。国际先进银行都把发展托管业务作为创新盈利模式、推动经营转型的重要平台。供给侧结构性改革为资产托管行业带来了新机遇，也对其发展定位、管理体制、经营模式及服务功能等方面提出了新要求。资产托管行业必须适应形势变化，深化改革创新，加快转型升级，在商业银行服务和支持供给侧结构性改革的生动实践中谱写发展新篇章。

第一节　资产托管行业面临重要发展机遇

一、经济金融环境变化为托管业务带来新的增长空间

从产业经济变革看，建立在以往全球分工和资源禀赋条件下，

以扩张产能为主要动力的投资拉动型、出口导向型经济模式，将逐步被产业升级、科技创新、生产要素效率提升所带来的新消费拉动型经济模式取代。实体经济结构优化，必然催生一系列新产业、新技术和新业态，要求金融行业健全服务体系并构建相应的服务能力。民间金融、产业资本、互联网金融等新兴业态的跨界竞争也在重塑金融生态体系。从客户金融需求看，伴随着金融市场的发展和公众财富的积累，社会金融需求日益多元化。对公司客户而言，随着规模和业务范围的扩大以及市场竞争的加剧，需要商业银行提供更加注重价值组合、风险控制、信息咨询等更高层次金融服务，对于资产托管、现金管理、企业理财、投资银行等方面的金融需求与日俱增。对个人客户而言，金融需求的层次也发生显著变化，资产管理日益成为高端客户的重要需求。银行业管理的资产将由信贷资产为主转向客户金融资产为主，银行也逐步成为客户的全方位金融管家，必须根据客户需求提供相应的综合金融解决方案，创造"新供给"。从银行业务布局看，越来越多的商业银行积极争取涵盖保险、信托、证券、租赁等全牌照子公司的资格，挖掘业务发展潜力，减少金融脱媒以及利率市场化带来的冲击。

面对经济金融环境的新变化，商业银行需要适应客户多元化和综合化的经营服务需求，为客户提供全产品、一体化、一站式服务，形成更加多元化的盈利来源，这也为资产托管行业带来了更加广阔的发展空间。通过积极发展托管业务，有助于商业银行抓住多层次金融服务市场体系建设中的业务机遇，为各类相关机构提供理财、投行、投资顾问等综合金融服务，增强业务创新能力，全面提升服务功能。同时，还有助于商业银行探索创新型的金融服务模式和手段，深度介入产业链优化和商业模式创新，寻求与产业发展契合的新增长点。

二、资本市场蓬勃发展需要托管机构提供多样化金融服务

当前,多层次资本市场建设步伐加快,资产管理行业创新日益活跃,进入竞争、创新、融合发展的新阶段。同时,随着居民财富规模的增长,投资者的资产管理需求不断提升,多元化的投资渠道及产品层出不穷。托管业务需要发挥与资本市场联系紧密的优势,增强创新意识,持续提升服务能力和水平。

一方面,金融脱媒日益加剧,越来越多的市场资金从银行系统流出,进入资本市场,银行资金来源和运用压力日益加大。银行业要拓宽资金来源和使用渠道、提高盈利能力,必须更多地参与资本市场业务,大力发展托管就是一个非常重要的途径和通道。商业银行在从"融资中介"向"服务中介"的战略转型中,需要大力发展托管等新兴业务,以弥补资产业务收入的减少,扭转在传统业务领域的困境,提升银行的盈利水平。另一方面,资本市场客户所需要的金融服务通常不是单一的,而是多样的、综合的。就托管银行而言,客户需要的不仅是托管服务,还需要现金管理、融资、项目推介、代销等多方面的金融服务,客户也经常表现为银行各金融服务部门的共同客户。银行在与客户的互动中需要增强为客户提供多样化金融服务的能力。资产托管部门可以借助商业银行的平台,创造出这样的能力。即发挥托管业务的媒介桥梁作用,整合商业银行内外部资源,发挥其跨越多个市场的平台作用和衔接多项金融服务的整合功能,更好地满足资本市场客户多样化的金融需求。

三、商业银行深化经营转型为托管业务带来历史性机遇

从国内情况看,在经济增速放缓、利率市场化改革、金融脱媒等多重因素的共同影响下,金融业态发生了显著变化,呈现出"储蓄存款理财化、财政资金基金化、社保资金投资化"的"去存款化"趋势,很大程度上动摇了银行业传统的负债业务基础。企业和个人融资渠道的多元化,使商业银行的资产业务也面临被分流的局

面。为更好地适应经济新常态和金融行业竞争格局调整，商业银行将更加注重内涵式、可持续发展，积极推进经营方式和盈利模式的转型。

对我国商业银行来说，可以积极借鉴国际先进银行的成功转型经验，大力发展资本占用较少、风险较为分散、盈利水平较高的业务，打造高效节能的低资本消耗型银行，提高资本回报水平。资产托管属于轻资本业务，几乎不占用风险资本，受信用风险和市场风险影响较小，可以降低对高资本消耗业务的依赖，有助于满足资本充足率监管要求，是商业银行向"低资本消耗、可持续增长"转型的重要途径。同时，托管业务的协同效应显著，是各种优质业务资源的聚集平台，跨行业、跨市场的综合化经营特征也赋予其更多的创新和发展动因。商业银行可以围绕客户投资的全过程展开服务，实现托管与银行传统业务的有机融合，既改变了对存贷利差的过度依赖，又有效满足了客户综合金融服务需求，有助于深度发掘客户价值，培育多元化的盈利增长点。因此，托管会越来越受到商业银行的重视，成为其大力推进经营转型的现实选择。

四、养老金融体制改革为托管市场开辟了新的业务领域

我国养老保障体制改革正在不断深化。社会经济发展方式转变、城镇化建设加快推进以及人口老龄化所带来的严峻挑战，均迫切需要尽快改革和完善我国现有的社会保障体系。改革的整体方向是对基本养老保险资金提高统筹管理层次，进行市场化管理以保值增值。对补充养老保险扩大投资范围和覆盖人群，并提供税收优惠，增强补充养老保险的吸引力。近年来，一是启动了基本养老保险市场化运作，进一步突出全国社保基金理事会的作用。基本养老保险集中委托全国社保基金理事会管理。二是国家机关和事业单位建立职业年金制度，形成与城镇职工相同的"基本+补充"二元养老保险结构。这两项重大决策在实施中都引入了养老金投资管理和

托管机构。总之，养老保障体制改革催生了规模巨大的养老金融市场，也必将推动金融机构资产托管、受托管理、账户管理、投资管理等养老金融业务加快发展。加之养老金业务具有高黏性属性，一旦为客户建立养老金计划，也就与其建立了长期稳固的业务合作关系，客户流失的可能性大幅降低。养老金业务将带动商业银行多种业务发展，是促进银行产品交叉销售的理想业务载体。

五、人民币国际化与资本市场开放加速了托管业务与国际接轨

一是人民币国际化推动了人民币跨境投融资业务的蓬勃发展，包括RQFII、RQDII、沪港通等在内的跨境人民币投资产品应运而生，跨境投资通道在不断拓宽。二是机构及个人投资者近年来积极参与国际资本市场，监管部门针对QFII/RQFII、QDII/RQDII等制度新政不断推出，放宽了参与机构及投资标的范围。三是大宗商品及国际兼并收购等跨境交易日益频繁，境内外客户对境外投资、并购、上市等金融需求持续增加，对跨境资金的托管需求日益强烈，也需要商业银行为不同类型的跨境投资提供托管服务。四是部分商业银行推进跨境金融综合化经营，逐步在条件成熟的海外机构建设托管服务功能，将托管融入跨境金融服务体系，提升了对客户跨境金融业务的服务保障能力。

总之，经济全球化背景下，托管服务的范围正逐渐由单一市场向多市场、由一国范围向全球范围转变，服务对象由传统的境内机构投资者向不同类型的跨境投资主体转变。发展托管业务，既有助于提高交易及投资效率，保障各类跨境投资者的财富安全，也推动了商业银行加快全球化发展步伐。此外，随着资本账户的逐步全面开放，还将会带来巨大的跨境资本流动，必将加速资产托管业务与全球金融市场的对接进程。

第二节　资产托管行业传统发展模式驱动效应减弱

1998年，封闭式证券投资基金在我国问世，拉开了中国资产托管业务发展的序幕。"大资管"时代催生"大托管"，伴随资产管理业务的发展壮大，资产托管业务的规模也持续扩大。资产托管业务以"轻资本"特性吸引了众多金融机构加入，行业竞争随之不断加剧。自2016年以来，资产托管行业高速发展的脚步已经放缓。具体表现在以下几个方面。

一、粗放型规模扩张难以推动行业持续健康发展

在资产托管业务发展初期，商业银行凭借业务先发、资金资本充裕、渠道资源丰富、托管业务牌照齐全等优势，表现出明显的竞争优势，推动托管行业规模快速扩张，托管业务收入也随之增长。

近年来，我国经济发展进入"新常态"，商业银行面临着结构化调整，纷纷向包含托管业务在内的"轻资本"类业务转型。同时，证券公司等非银行金融机构也开始进入托管业务领域。目前国内具有证券投资基金托管资格的商业银行已达27家，另外还有14家证券公司以及中国证券登记结算有限责任公司。

资产托管机构快速扩充，行业竞争也日趋激烈。一方面券商等新加入的行业主体，利用其在交易、研究、产品创新等方面的优势，提供从产品备案、投研、营运外包到托管的全流程服务，对商业银行托管业务发展带来冲击。另一方面，客户的金融服务需求也呈现出综合性、便捷化、国际化的特性。此外金融市场快速发展和信息科技广泛应用，这些都对资产托管业务的服务理念、模式、手段等提出了更高的要求。粗放型规模扩张难以对资产托管行业的持续高速发展提供驱动，资产托管行业亟待培育新的发展动能。

二、同质化服务不利于打造托管行业核心竞争力

当前国内资产托管银行的服务主要包括资产保管、资金清算、会计核算、资产估值和投资监督等基础性服务。鉴于政策限制、发展阶段等原因，资产托管服务在增值性、综合化、高附加值方面有所欠缺。资产托管产品同构化、服务同质化与客户需求多样化、个性化的矛盾日益凸显。同时，资产托管银行的科技支撑力、系统直通化处理水平等也亟待提升。为支撑不断上升的业务规模，资产托管银行多存在集中大量人力用于日常营运操作的情况，难以在服务功能完善方面有较大突破。总体来看，资产托管银行在及时响应客户需求，主动挖掘客户价值，全面满足客户综合金融服务需求方面，还有较大的提升空间。

服务同质化使资产托管机构在获取业务资源的过程中，缺乏核心竞争手段，加之托管市场主体日益多元化，市场竞争趋于白热化，托管费率不断走低。根据中国银行业协会的统计，2014年、2015年和2016年银行业托管费收入分别为370亿元、449亿元和511亿元，分别上涨17.79%、21.14%和13.8%，远远落后于54.71%、62.04%和39%的规模增速。资产托管行业需要通过服务功能的提升和完善，拓宽业务盈利空间。

三、传统组织架构和经营机制需要契合业态综合化发展趋势

资产托管业务发展日益呈现综合化的态势，商业银行资产托管业务的拓展与行内公司、同业、零售等业务的联系更加紧密。现阶段资产托管银行在行内主要通过部门间联动和系统内总分联动推动托管业务发展。因各家资产托管银行对托管业务重视程度、部门间联动程度、系统运营能力等差异较大，资产托管银行现有组织架构和机制对托管业务发展的驱动能力有待提高。资产托管业务作为新兴的"轻资本"金融服务，需要直接面向市场、对接客户。在传统

的组织架构和经营机制下，商业银行资产托管部门的市场敏感度、客户认知度还有很大提升空间，业务经营的自主性和资源配置的灵活性也需要加强。资产托管业务亟须通过组织机构和经营机制的创新来发挥托管业务联动性、依托性、综合性的经营特点，使资产托管业务与商业银行上、中、下游产业链资源充分整合，提高主动发展和一体化经营能力。

四、托管业务职责与定位亟须从立法层面统一和完善

目前，我国托管行业缺乏统一的法规制度，托管机构开展托管服务的主要法律依据是各类资产管理业务相关的法律法规，如《基金法》《信托法》《企业年金基金管理办法》《货币市场基金监督管理办法》《证券公司客户资产管理业务管理办法》等。多数托管产品仅在相关监管部门发布的业务指引或通知中对产品托管进行简要表述。此类条款不仅法律效力低，且偏原则化和政策化，对托管人职责要求不够清晰，独立监督的法律地位也不明确，有些法规之间还存在相互掣肘的情况，部分托管产品甚至没有法律规章支持。

资产管理市场业务链条包括募集资金归集、资金运用、收益分配等环节，在投资过程中经常存在通过单层或多层通道实现最终投资的情况。目前银行理财、信托、保险等行业法律法规并未强制规定嵌入全过程托管机制，托管往往仅体现在一个层级的资产运用过程中，并未全面实现从募集资金归集到资金运用、直到穿透多层通道至底层资产、再到收益分配的全过程托管。因此，目前的托管业务模式并未完全实现资产管理业务中资金流转环环相扣的封闭运行，在某些环节仍然存在管理人违规违约使用资金的可能，托管业务的作用没有得到充分发挥，还有可能因相关法规不够完善或合同职责约定不清而带来法律风险。

第三节　资产托管行业发展出路

在当前金融资产管理业务逐渐脱虚向实、回归本源,"去杠杆"逐步深化的背景下,商业银行资产托管业务应该主动转型升级,顺应发展环境的变化,强化供给意识,积极探索新的业务发展模式,向更加专业、高效、智能的综合化资产托管服务商转型。理顺资产托管业务发展的体制机制,增强创新驱动能力,优化客户服务能力,提高精细化管理水平,强化科技支撑,实现商业银行资产托管业务的转型创新和跨越式发展。

一、架构优化,向以协同发展为核心的资源整合发展模式转型

托管业务范围交叉融合,各类资管产品创新层出不穷,托管及相关服务的关联性、交叉性和外延性显著增强,这就要求托管银行必须持续优化组织架构和经营管理模式,不断提升托管服务能力。

一是进一步提升对资产托管部门的发展定位,从战略高度重视托管业务的可持续发展。面对金融脱媒、利差收窄等现实情况,不占用资本金的资产托管业务符合轻资本趋势,已被很多商业银行作为盈利模式转型的重点。一方面,以托管业务为纽带,充分发挥托管业务连接资本市场的桥梁纽带作用,挖掘资金链条上、下游客户的各类金融需求,构建与投行、资管、公司、零售、私行等部门的紧密互动和良性循环,形成相关条线协同发展的良好格局,更好地满足客户的投融资需求,全面实现托管业务综合效益。另一方面,发挥专业优势,有效整合资源,打造资本市场业务运营平台,为商业银行内部、集团内部和境内外机构提供多样化、具有高附加值的一站式、综合性金融服务,保障资金安全,提高投资交易效率,节约运营成本。

二是加大对资产托管业务的组织架构保障。首先，可组建跨部门、跨层级的专业服务团队，着眼于改善客户体验，建立优化流程、提高效率、提升服务的良性互动体系，及时响应和满足客户需求。其次，应创新以客户为中心的组织流程，形成客户部门、产品部门、营运部门相互支持的矩阵式组织架构，突出客户服务、产品研发、运营管理等专业职能，增强战略协同、资源共享与服务联动。最后，可建立托管业务相关部门联席会议制度，及时交流资产管理、金融市场、金融同业等政策动态，使托管业务逐步渗透至相关业务合作中，实现银行资源整合利用，增强综合营销效果。

二、技术创新，向以信息技术为核心的智能化托管运营商转型

托管服务功能的实现很大程度上依赖于科技能力的优化和创新，科技和托管的融合越紧密，对托管服务的创新驱动就更加有力。托管银行需要站在科技平台的高度对托管业务系统进行完善和优化，建设兼具客户信息交互、托管业务处理、内部关联支撑、外围增值服务等多种功能的创新型托管科技平台。同时，还需通过技术应用带动产品创新，将互联网技术、信息技术与托管业务发展紧密结合起来，打造智能化、信息化、网络化的托管科技支撑平台。

（一）云技术应用

在系统运行方面，托管平台可以通过高可用的云技术进行部署，通过生产云、同城灾备云、异地灾备云实现两地三活的高可用模式。通过模块的调整完成系统不同功能的部署，适用于不同类别的机构。在未来，可将投管类系统以私有云和公有云的形式外包给券商、基金公司、政府投资机构或者其他托管机构，上述机构可以基于云系统完成日常营运，持有系统的托管机构作为系统提供方、运营咨询方和培训机构方，收取软件供应、计算单元、存储单元租用费用、咨询服务费用和培训费用等。一方面通过系统连接生态圈内的上下游，另一方面，以系统作为托管业务收入的补充来源。

（二）区块链技术应用

区块链技术具有可在多方参与的交易过程中实现弱中心/无中心化的安全交易的突出优点，具备"交易账本"数据的安全、无差错、无篡改特性。区块链技术对于降低社会活动中的交易成本、提供安全资产转移和可信任交易手段有很强的应用性。

在资产管理和托管业务中，交易、清算、核算等业务环节涉及委托人、管理人和托管人等多个主体，且多个主体业务关联之间存在大量的数据交换、电子对账等交互行为。区块链的联盟链模式可以将多方角色融入"业务联盟"，这是一种基于公网的安全业务基础设施"高速公路"，即以公共数据标准建立角色间业务通道。应用区块链技术的弱中心化分布式运算特征提升了金融机构IT服务能力。针对托管行业飞速发展规模，能够降低托管银行系统建设压力，实现真正分布式计算模式。

利用区块链技术的"账本同步"和防篡改能力，可改变多方角色涉及的业务流和数据处理模式，这将是个具有深远影响的变革。交易、清算、核算、对账、信息披露等原需要以"交换—运算—核对—发布"的模式单线完成的业务，转变为"交易—实时清算做账—实时同步核对对账—实时无差别发布和披露"的业务处理模式，极大地降低交易成本。

三、定位精准，向以专业创新为核心的差异化服务提供者转型

资本市场运作模式的创新改变着资产托管的业务模式和服务内涵。伴随着资产管理市场的快速发展，托管客户类型越来越多，客户需求日益多样化、个性化，这就要求托管银行能够提供高质量、具有高附加值与差异化优势的产品和功能。能否为客户提供全领域的一站式金融服务与一体化解决方案，成为托管银行未来的竞争焦点。

在此背景下，资产托管行业需要从主要注重规模增长为主的外延式增长模式向主要依靠产品、业务、营销、管理创新和优化内部生产要素配置的内涵式增长模式转变，向综合化、增值化、全流程的综合金融服务方式转变。托管银行之间从原来单纯的业务竞争转向基于平台综合服务体系的竞争，从单点竞争转向整个资产管理产业链的竞争。托管银行必须结合自身资源禀赋，做好客户和市场细分，深度对接资本市场和资产管理行业，加快构建有各行特色的业务核心竞争能力。

对于大型托管银行而言，资产托管业务的市场竞争力有赖于一流的市场品牌。经过多年发展，大型托管银行已经建立健全了托管产品种类，在业务积淀、渠道资源、人才队伍、系统能力等方面优势较为明显。大型托管银行将进一步细分目标市场，提供差异化精准服务，并提升托管服务的自动化、流程化，降低成本、提升效率，同时立足于境内，将托管能力辐射到全球。对于中小型托管银行来说，可通过逐步增强产品开发力度和创新程度，树立以创新为特征的行业形象。同时，做好专业细分，打造彰显自身特色的市场品牌。如侧重于联动营销，则依托代销类托管业务带动其他托管产品种类的发展；如注重发挥金融集团优势，则对于特定托管领域集中投入资源。

此外，相较于比较成熟的银行托管业务，券商托管业务也有其自身特点。其产品规则设计较为灵活，个性化程度高，贴近资本市场，对创新型托管业务的反应比较灵敏，也可以建立起差异化的市场竞争优势。

四、功能升级，向以托管服务为基础的综合型金融服务商转型

从国际托管机构看，其发展大多经历了由最初的证券保管发展成为以托管服务为基础，通过增值服务辐射出的综合性金融服务商的过程,同时其服务区域也随着全球化的进程由单一区域向全球市场迈进。一方面,从提供的服务类型来看,当托管业务发展至全球化、规模化、复合化的阶段,投资者对托管服务的需求已不简单局限于资产保管、交收清算等基础性服务,能否为客户提供全领域的一站式金融服务与一体化解决方案,成为托管行业未来的竞争焦点。国际先进托管银行通过对托管及相关产品、服务的全面梳理,整合建立起一套以托管服务为核心的"投资者服务"体系,提供综合性、增值性金融服务,既拓宽了自身业务领域,又为各类资产管理人提供了便利。另一方面,从服务半径看,伴随着资本市场和财富管理市场的快速成长,由贸易、投资带动的资本跨境流动催生了客户对跨境资产托管业务和其他派生服务的需求。国际大型托管银行不仅服务于本土市场,并且利用先进的IT、运营架构在全球范围内搭建了托管业务网络,为客户托管全球范围内的资产。

国内商业银行托管业务发展至今,服务外延和内涵都有了质的飞跃。在竞争白热化、服务同质化的环境下,基础服务难以满足客户多样化的需求,也不利于打造有竞争力的托管服务品牌。托管银行需要打破固有思维限制,紧紧围绕客户的财富管理和资产配置需求,从更开阔的角度审视和打造托管服务。通过研判客户需求,优化服务功能,拓宽盈利来源,打造综合化、集约化、链条化的托管功能,拓展高附加值、增值性的投资者服务,大力提升托管业务的综合价值贡献和创新增效能力。一是升级服务功能。资产托管的业务功能不仅限于资产安全保管、核算估值、清算交收等传统的基础性功能,还要为客户提供增值化、多元化、系列化的托管业务新型功能。随着我国资本市场改革的持续推进和投资管理活动的不断创新,基金、保险、银行、信托、证券公司等机构投资者对风险评估、绩效评价、流动性管理、证券融通、资金融通、基金行政服务和金融数据分析等需求逐渐增多。根据市场发展和机构投资者需求,借鉴国际托管银行发展经验,国内托管银行要稳步开展风险评估、绩效评价、私募投资基金服务、金融数据分析、日间透支、证券借贷、担保品管理、现金管理、交易融资、经纪业务等附加值更高的综合性增值服务，拓宽托管业务新的盈利空间，从而将托管银行打造成为资本市场全功能服务商。二是优化盈利模式。随着托管业务功能的创新，盈利模式也将得到优化。托管银行围绕客户投资活动的全过程展开服务，建立以托管为基础，各种附加服务为补充的丰富产品线，业务功能涵盖客户整个投资过程。托管行业也将由同质化服务下的单一收费转变为根据业务功能差异化收费的模式，托管服务价值与成本之间的关系将更为明晰，各家托管机构将会更加重视服务内容的多样性、针对性、差异化，更多通过内涵提升来促进托管业务经济附加值增长，使得托管业务的定价和收费机制更加灵活、多样、合理，从而开拓业务发展的新增长点，实现托管业务价值的重塑。

第二章 资产托管市场发展情况

第一节 托管行业发展概述

近年来,我国金融脱媒趋势明显,利率市场化步伐加速。商业银行传统业务发展趋缓,转型需求迫切,大力发展资产托管业务成为商业银行保持可持续发展的内在要求和必然选择。同时,国民经济保持高速增长态势,国民生活水平大幅提高,理财观念不断增强,为金融业务转型以及资产托管市场的发展提供了有利的环境。经过近二十年的高速发展,我国资产托管市场日趋成熟,托管资产多元化愈加明显,托管资产规模保持高速增长,托管机制对于促进资本市场健康发展的积极作用也被广泛认可,大众认知度和社会影响力持续提升。

一、托管市场持续快速发展,规模稳步增长

截至2016年末,中国银行业资产托管存量规模达121.92万亿元。随着资本市场的高速发展,我国资产托管业务的规模和收入一路节节攀升。虽然在过去的一年里,整体增速略有放缓,但是整个行业规模依然保持着稳步增长的势头。

二、托管主体不断扩充,托管队伍逐渐壮大

资产托管行业高速发展近二十年来,托管主体由原来的国有五大行逐步扩展至中小股份制商业银行、证券公司和中国证券登记结算有限责任公司。截至2016年末,全市场共有42家托管机构,包括27家商业银行、14家证券公司以及中国证券登记结算有限责任公司。截至2016年末,五大行托管规模46.23万亿元,较2015年末增长

24.69%；托管收入201.21亿元，较2015年增长15.68%。21家股份制银行托管规模75.69万亿元，较2015年末增长49.53%；托管收入309.4亿元，较2015年增长12.54%。股份制银行托管规模增速超过五大行，托管收入增速低于五大行。在券商托管方面，虽然券商托管的整体托管规模相对于整个中国资产托管市场来说占比较小，但是近几年来券商作为托管市场的生力军，其发展也是有目共睹的。

托管队伍的发展壮大必然导致资产托管市场的竞争越发激烈。一方面，我国的托管市场作为一个充分竞争的市场，有利于激发行业主体不断开发市场、创新产品和完善服务；另一方面，行业竞争的白热化也导致整个市场托管费率日渐走低，价格战使托管收入增长与托管规模高速增长不相匹配。如何避免同质化竞争，走出一条差异化发展道路成为下阶段各托管主体亟待解决的问题之一。

三、托管产品和服务日益多元化

近几年，资本市场发展的多样化、复杂化带动托管行业产品、服务不断创新，派生业务层出不穷。托管行业从单纯的资产托管业务，发展出更多的衍生产品，通过增加附加值来满足资本市场需求。多元化品种不断丰富着托管业务产品体系。一是对现有业务品种的拓展，如证券投资基金类的内地香港互认基金；二是新的业务产品不断进入托管领域，比如基本养老保险基金；三是国内资本市场与全球资本市场逐步接轨，如境外机构获准在中国银行间债券市场投资，商业银行可作为托管银行和结算代理银行。

四、法规制度不断健全，保障托管行业的健康发展

资产托管是中国化的法律概念，源于资产保管，其实质是受托保管，起源于19世纪英国的投资基金业务。1997年，国务院颁布了《证券投资基金管理暂行办法》，首次明确提出"经批准设立的基金，应当委托商业银行作为基金托管人托管基金资产"。二十年来，随着资产托管行业的不断发展，相关法规制度相继出台，为整

个行业健康、有序发展奠定了基石。2016年，为了适应资本市场的不断发展，《基金管理公司子公司管理规定》《保险资金间接投资基础设施项目管理办法》《私募投资基金管理人内部控制指引》《职业年金基金管理暂行办法》《中国人民银行公告〔2016〕第3号》等法规制度相继发布，为托管行业的健康发展提供了政策和法规依据。

第二节　市场规模与收入

一、中国银行业资产托管市场总体规模分析

（一）资产托管市场保持持续增长态势，规模增速回落

截至2016年末，中国银行业资产托管存量规模达121.92万亿元，较2015年同期的87.7万亿元，同比增长了39.03%；较2009年初中国银行业协会托管业务专业委员会（以下简称托管业务专业委员会）成立时4.1万亿元的行业规模，增长了近30倍；2010—2016年托管规模平均复合增长率达53.06%。2016年由于资本市场的波动，资产托管规模增速趋于放缓。截至2016年末，银行业托管投资组合达15.83万个，较2015年同期的12.81万个，同比增长了23.57%。

2016年托管资产规模排前十位的托管银行依次是：中国工商银行、招商银行、兴业银行、中国建设银行、中国农业银行、上海浦东发展银行、中国民生银行、交通银行、中国银行、中信银行。托管资产规模增速排前十位的托管银行依次是：浙商银行、广州农村商业银行、杭州银行、恒丰银行、包商银行、中国邮政储蓄银行、渤海银行、南京银行、华夏银行、北京银行。

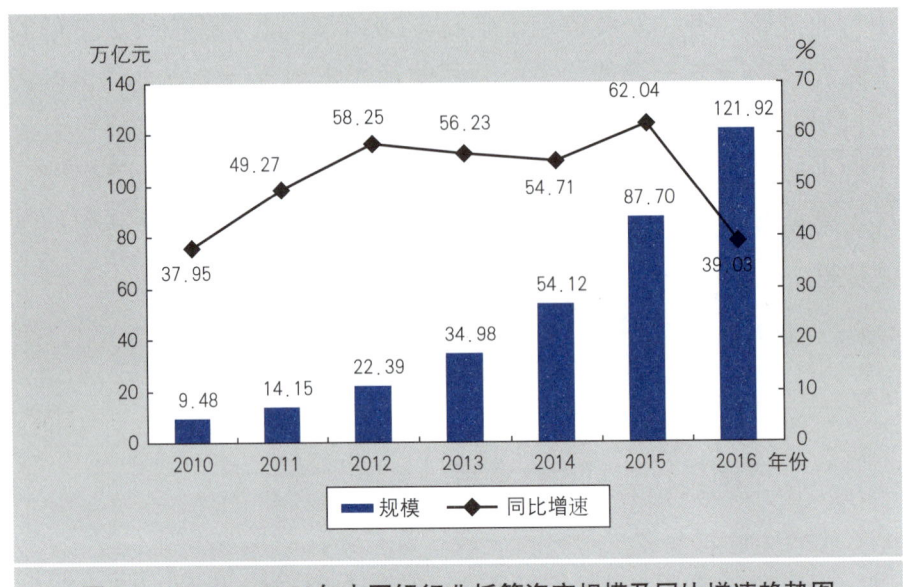

图2-1　2010—2016年中国银行业托管资产规模及同比增速趋势图

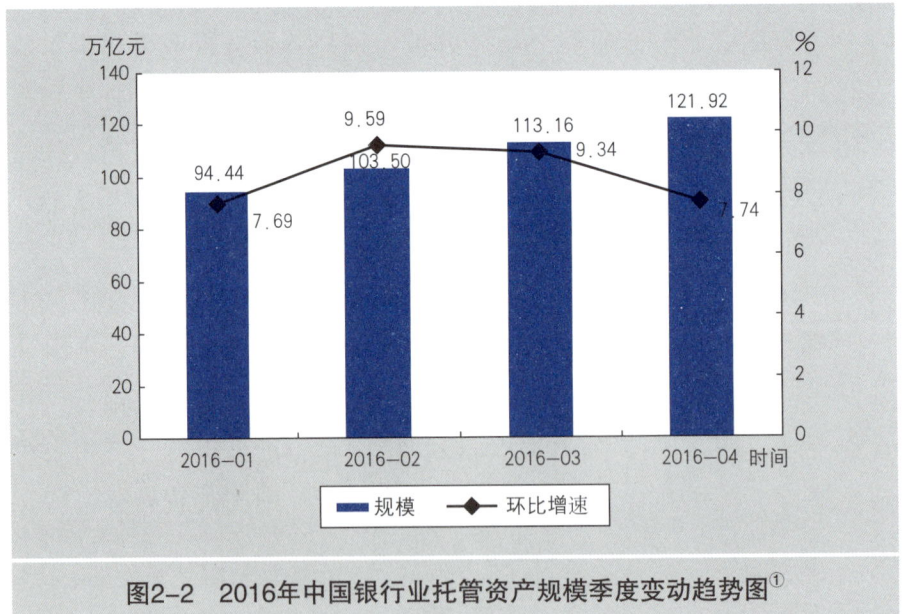

图2-2　2016年中国银行业托管资产规模季度变动趋势图①

---

① 本章图表（除图2-3、图2-4外）数据来自中国银行业协会统计数据，图2-3数据来自中国银监会官网公布数据，图2-4数据来自中国人民银行2010—2016年《金融统计数据报告》。

（二）资产托管市场地位日益提升

近些年来，国内经济始终保持高速增长的态势，银行业从传统的依靠利差收入，转向以中间业务为重点突破，资产托管业务遇到了前所未有的发展机遇。银行业资产托管规模占银行业总资产的比重，以及占金融机构存款总量的比重均呈现上升态势。

1. 托管系数持续增长。

托管系数，即托管资产总额占银行业资产总额的比重，自2010年至今不断增长。2016年末，托管系数已达53.89%，比2010年的9.95%，增长了43.94%。

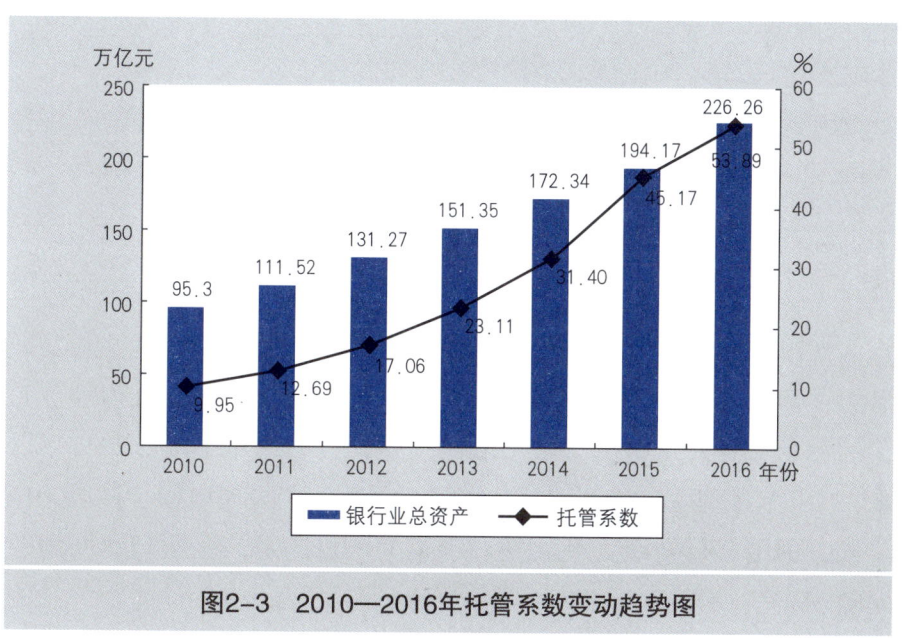

图2-3　2010—2016年托管系数变动趋势图

2. 存托比快速上升。

作为连接货币市场、资本市场和实体经济的纽带，托管资产占金融机构存款总量的比重，即存托比，呈现逐年上升的态势。截至2016年底，中国存托比达78.40%，比2010年的12.92%，增长了65.48%。

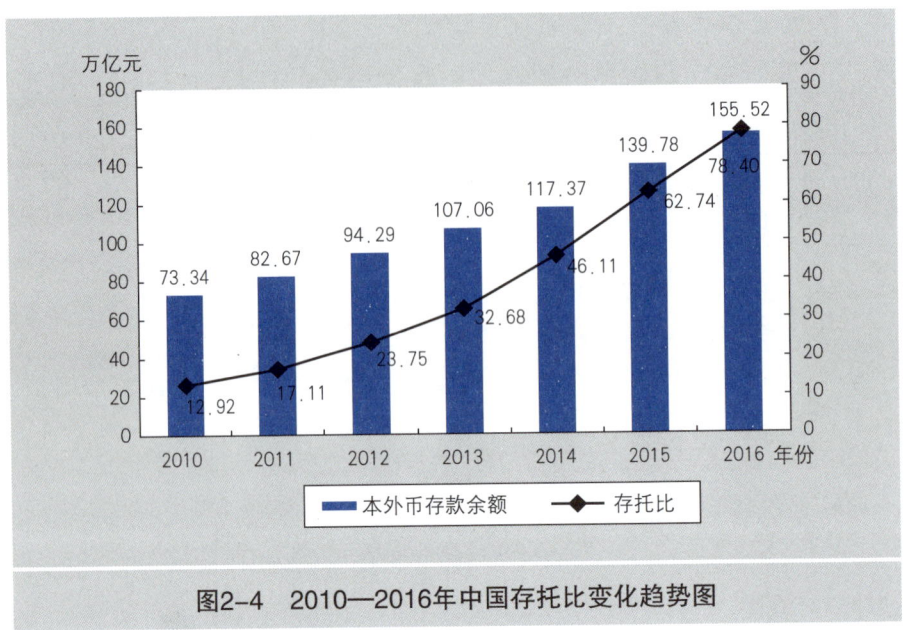

图2-4 2010—2016年中国存托比变化趋势图

二、中国银行业资产托管收入分析

(一)总体收入水平稳步增长

在银行业转型发展进程中,资产托管业务的制度优越性和发展潜力逐步显现,吸引了商业银行、证券公司、登记结算机构等多元化的市场参与者。行业竞争加剧导致托管费率逐年下降。2012年以来,中国银行业资产托管收入[①]增幅一直落后于规模增幅。截至2016年末,中国银行业资产托管费收入达510.62亿元,比2015年同期的448.86亿元,增长了13.76%。

---

① 受2016年全面实施营改增政策的影响,本报告涉及的托管费收入口径调整为增值税税后收入。

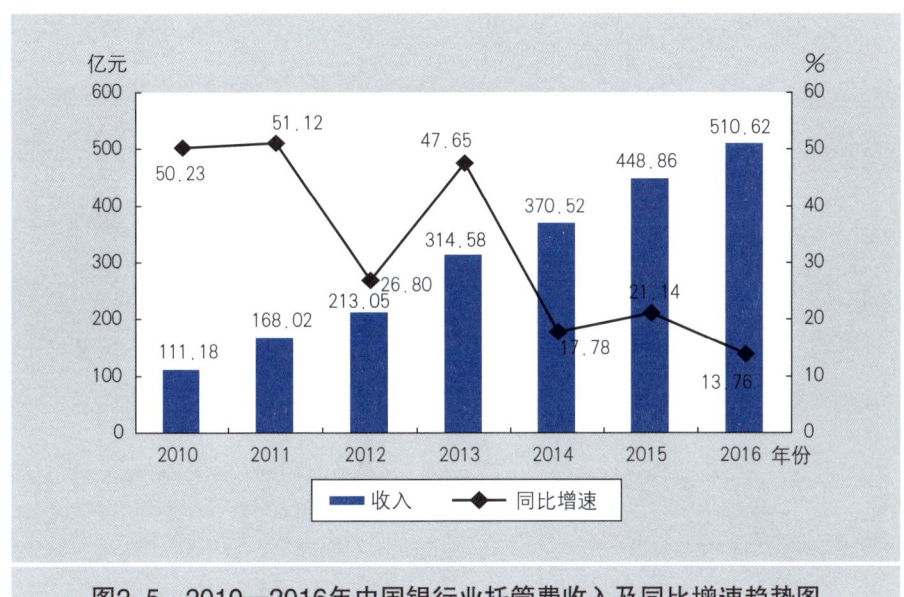

图2-5　2010—2016年中国银行业托管费收入及同比增速趋势图

（二）托管费收入结构分析

从收入构成上来看，对2016年托管费收入贡献最大的是证券投资基金托管费收入，达104.37亿元，占总收入的20.44%；银行理财托管收入达85.4亿元，超越了证券公司客户资产管理托管、信托财产保管收入，占比16.72%，位列第二。收入排在3~6位的托管产品依次是证券公司客户资产管理托管（82.93亿元、16.24%），信托财产保管（75.43亿元、14.77%），基金公司客户资产管理托管（69.5亿元、13.61%）和其他资产托管（47.99亿元、9.4%）。

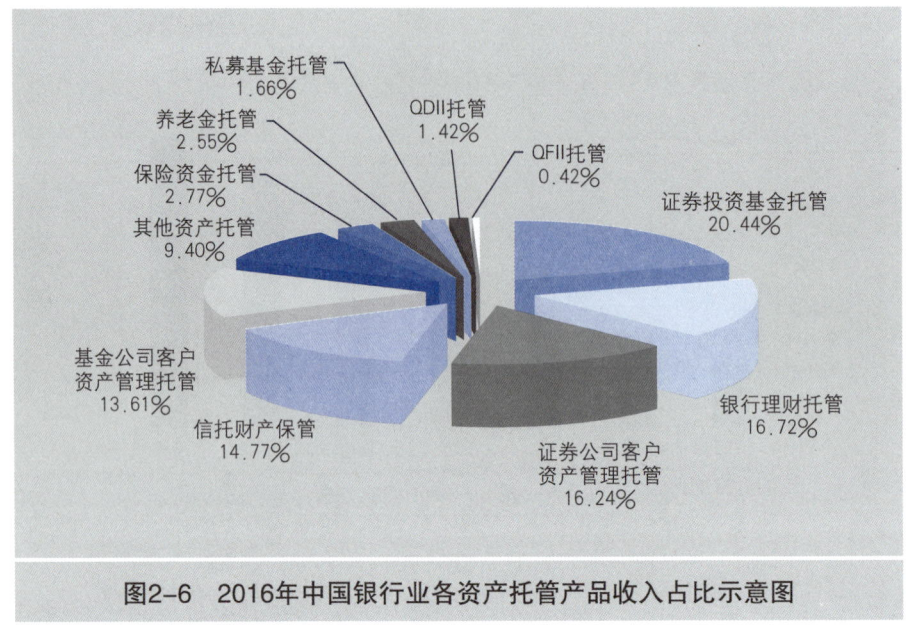

图2-6　2016年中国银行业各资产托管产品收入占比示意图

第三节　业务种类与产品结构

资产托管行业目前已经形成了比较丰富的产品体系。按照托管业务专业委员会的统计口径，目前资产托管业务大类包括证券投资基金托管、基金公司客户资产管理托管、证券公司客户资产管理托管、银行理财托管、信托财产保管、私募基金托管、保险资金托管、养老金托管、QDII托管、QFII托管以及其他类资产托管业务，共11类。

截至2016年末，有6类托管产品规模超过10万亿元，依次是银行理财托管（28.78万亿元）、证券公司客户资产管理托管（18.11万亿元）、基金公司客户资产管理托管（15.97万亿元）、信托财产保管（14.29万亿元）、保险资金托管（14.2万亿元）、其他资产托管（11.25万亿元）。托管费收入贡献最大的证券投资基金托管规模为8.95万亿元，排名第7。上述托管规模结构与当前中国资产管理市场结构基本一致。

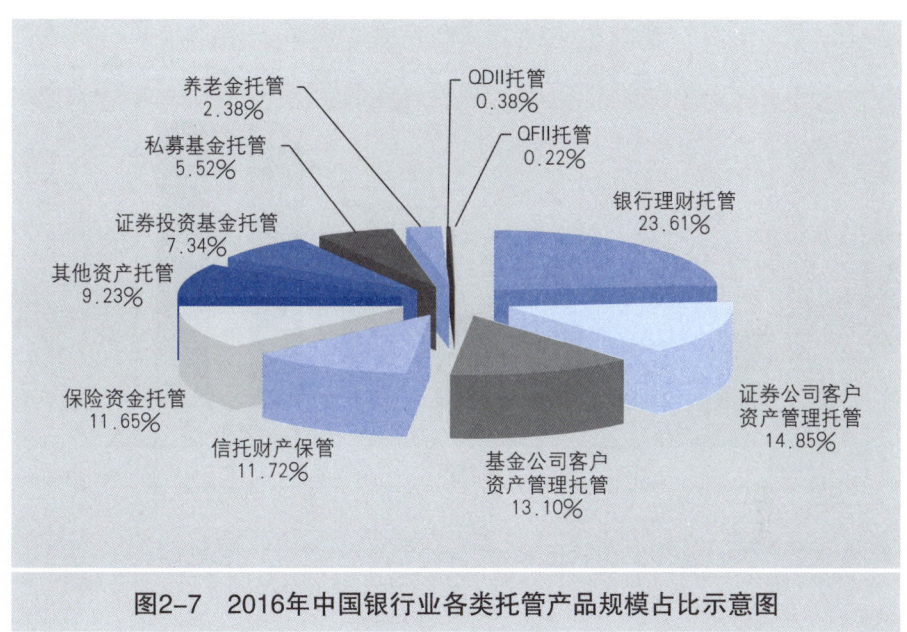

图2-7 2016年中国银行业各类托管产品规模占比示意图

一、证券投资基金托管市场

证券投资基金托管业务监管较为规范、受众范围广、产品标准化程度高,是中国资产托管市场的基础。截至2016年末,托管业务专业委员会26家成员单位的证券投资基金托管业务规模达8.95万亿元,同比增长9.41%;实现托管费收入104.37亿元,同比增长15.60%。

2016年证券投资基金托管规模排在前六位的依次是:中国工商银行、中国建设银行、中信银行、中国银行、交通银行、中国农业银行,这六家银行的市场占比达74.27%。2016年该项业务增速排在前三位的依次是上海银行、宁波银行、广州农村商业银行。

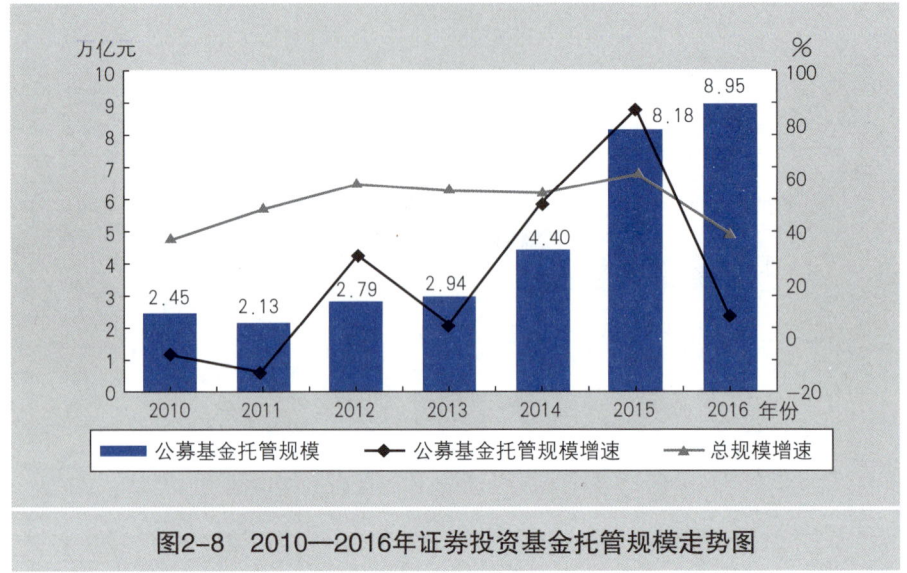

图2-8　2010—2016年证券投资基金托管规模走势图

二、基金公司客户资产管理托管市场

近几年，基金公司客户资产管理托管规模增长迅速。截至2016年末，托管业务专业委员会26家成员单位的基金公司客户资产管理托管规模为15.97万亿元，较2015年同期的11.46万亿元，同比增长39.38%，与行业整体增速持平；实现托管费收入69.50亿元，同比增长48.63%。

2016年基金公司客户资产管理托管规模排在前六位的依次是：中国工商银行、招商银行、中国民生银行、平安银行、宁波银行、兴业银行，这六家银行的市场占比达52.28%。2016年该项业务增速排在前三位的依次是广州农村商业银行、华夏银行、杭州银行。

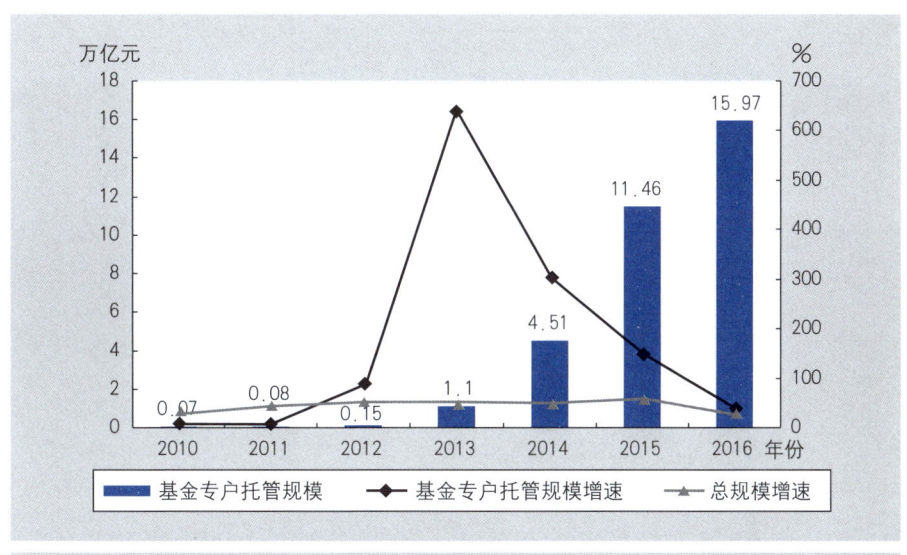

图2-9 2010—2016年基金公司客户资产管理托管规模走势图

三、证券公司客户资产管理托管市场

随着国民财富迅速积累、理财意识不断加强和资产管理行业发展壮大，证券公司资产管理行业保持增长态势。截至2016年末，证券公司客户资产管理托管规模达18.11万亿元，比2015年同期的12.06万亿元，同比增长50.09%；实现托管费收入82.93亿元，同比增长27.09%。

目前，托管业务专业委员会26家成员单位全部开展了该项业务，其中规模排在前六位的依次是：兴业银行、招商银行、上海浦东发展银行、中信银行、中国民生银行、中国工商银行，这六家银行的市场占比达53.18%。2016年该项业务规模增速排在前三位的依次是广州农村商业银行、浙商银行、包商银行。

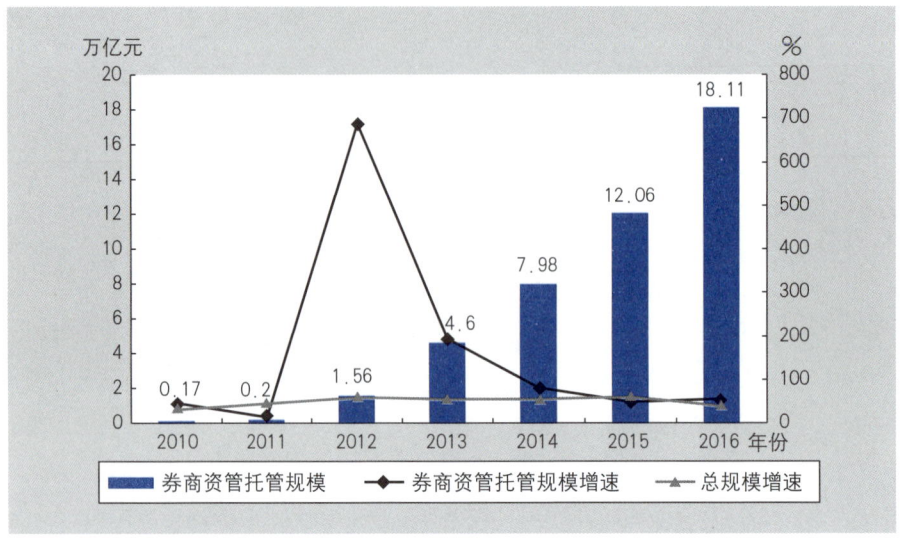

图2-10 2010—2016年证券公司客户资产管理托管规模走势图

四、银行理财托管市场

近年来,作为权益类资产管理产品的补充,收益稳定、风险相对较低的银行理财产品备受投资者青睐。截至2016年末,银行业理财托管市场规模达28.78万亿元,居各类产品之首,相较2015年同期的21.54万亿元,同比增长了33.6%;实现托管费收入85.40亿元,同比增长62.75%。

目前,我国开展理财业务的商业银行约为500家,银行理财产品类型丰富、营运流程复杂。2016年银行理财托管规模排在前六位的成员单位依次是:中国工商银行、中国农业银行、招商银行、中国建设银行、兴业银行、交通银行,这六家银行的市场占比达50.04%。2016年该项业务增速排在前三位的依次是浙商银行、恒丰银行、广州农村商业银行。

图2-11 2010—2016年银行理财托管规模走势图

五、信托财产保管市场

2016年，中国信托登记有限责任公司正式揭牌，意味着信托业国家级的统一登记平台成立，有利于推动信托行业朝着规范化、透明化的方向发展，促进信托财产"非标转标"，同时也将化解困扰信托业多年的流动性不足问题，为信托业创新发展注入新的活力。截至2016年末，中国银行业信托财产保管规模达14.29万亿元，比2015年同期的10.54万亿元，同比增长了35.63%；实现托管费收入75.43亿元，同比下降了15.42%。

信托财产保管规模排在前六位的依次是：兴业银行、招商银行、上海浦东发展银行、中国民生银行、中国建设银行、中国工商银行，这六家银行的市场占比为55.5%。2016年该项业务增速排在前三位的依次是浙商银行、包商银行、宁波银行。

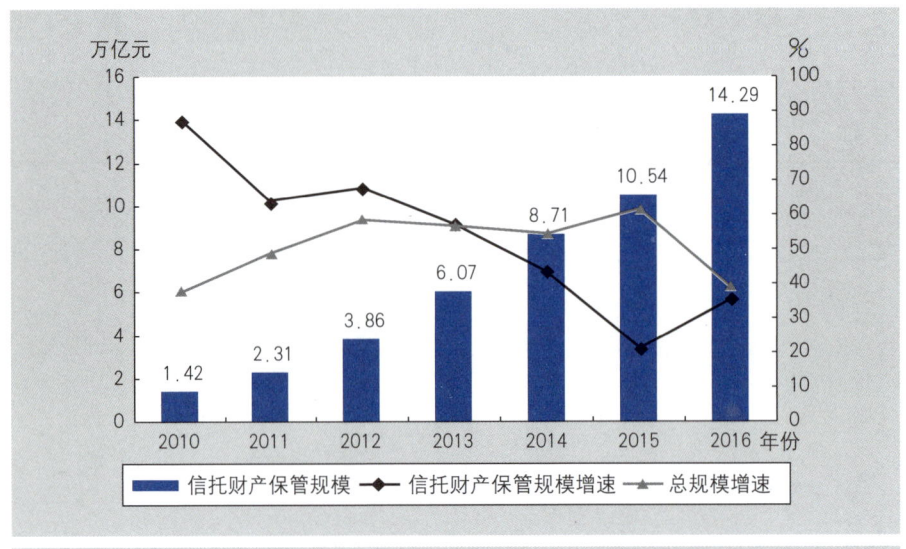

图2-12 2010—2016年信托财产保管规模走势图

六、私募基金托管市场

随着私募基金监管日趋规范和严格,市场化股权投资交易越发活跃,部分投资者开始转向股权类基金投资,2016年私募投资基金呈现爆发式增长。截至2016年末,中国银行业私募基金托管规模达6.74万亿元,比2015年同期的2.07万亿元,同比增长了224.72%;实现托管费收入8.46亿元,同比增长121.09%。

2016年,私募基金托管规模排在前六位的依次是:中国邮政储蓄银行、上海浦东发展银行、招商银行、平安银行、兴业银行、中信银行,这六家银行的市场占比达69.45%。2016年该项业务增速排在前三位的依次是中国邮政储蓄银行、恒丰银行、江苏银行。

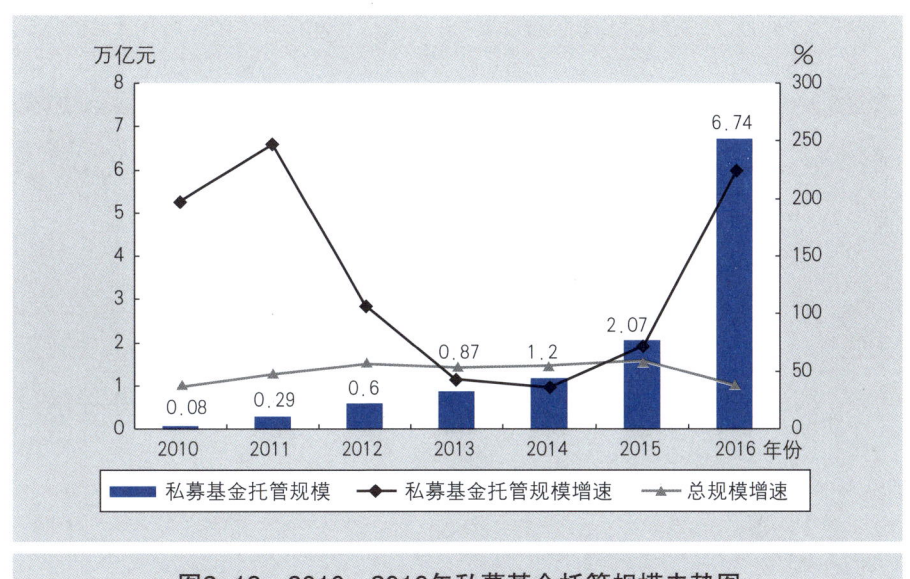

图2-13 2010—2016年私募基金托管规模走势图

七、保险资金托管市场

截至2016年末，托管业务专业委员会有23家成员单位开展了保险资金托管业务，实现托管规模14.2万亿元，相较2015年同期的10.42万亿元，同比增长36.27%；实现托管费收入14.17亿元，同比增长9.54%。

从规模上来看，排在前六位的依次是：中国工商银行、中国农业银行、中国建设银行、中国银行、兴业银行、交通银行，这六家银行的市场占比达84.77%。2016年该项业务增速排在前三位的依次是浙商银行、南京银行、平安银行。

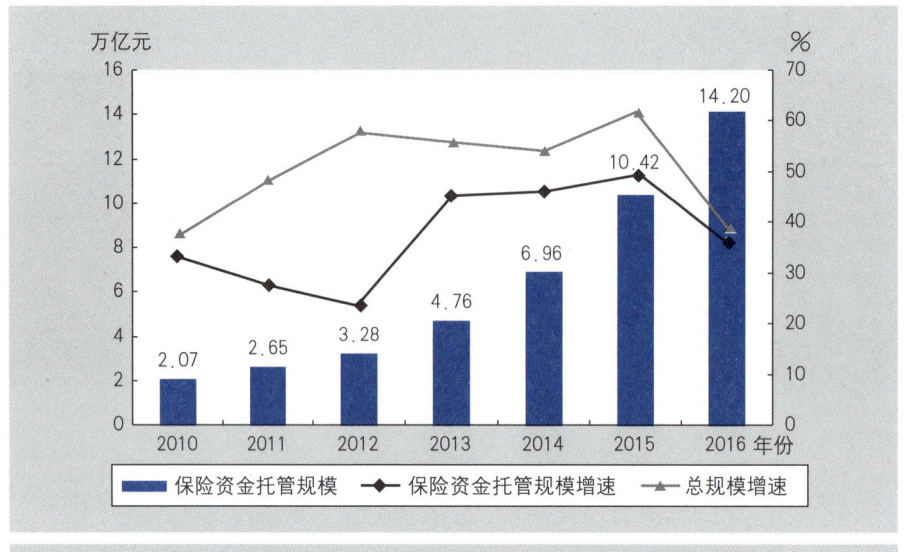

图2-14　2010—2016年保险资金托管规模走势图

八、养老金托管市场

养老金托管市场增速较为平缓，养老金业务继续保持稳健发展的态势。截至2016年末，中国开展养老金托管业务的托管银行有10家，实现规模2.9万亿元（其中企业年金规模为1.29万亿元），相较于2015年同期的2.49万亿元，同比增长16.36%；实现托管费收入13亿元，同比增长37.86%。

2016年养老金托管规模排在前六位的依次是：交通银行、中国银行、中国工商银行、中国建设银行、中国农业银行、招商银行。2016年该项业务增幅排在前三位的依次是中国民生银行、中国建设银行、招商银行。

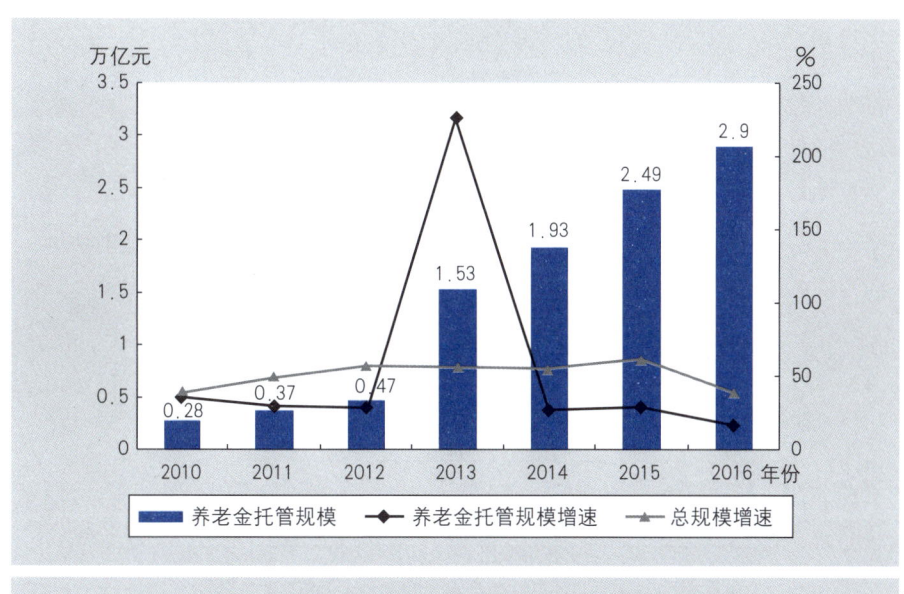

图2-15　2010—2016年养老金托管规模走势图

九、QDII托管市场

随着美元的持续升值，海外资产配置比例提升，2016年有25只QDII基金成立，特别是债券型的QDII产品得到快速发展。截至2016年末，中国开展QDII托管业务的托管银行有15家，实现托管规模0.47万亿元，相较于2015年同期的0.37万亿元，同比增长24.95%；实现托管收入7.25亿元，同比增长92.27%。

2016年QDII托管规模排在前六位的依次是：中国工商银行、中国建设银行、广发银行、交通银行、中国农业银行、中国银行。2016年该项业务增速前三位的依次是宁波银行、中国农业银行、中信银行。

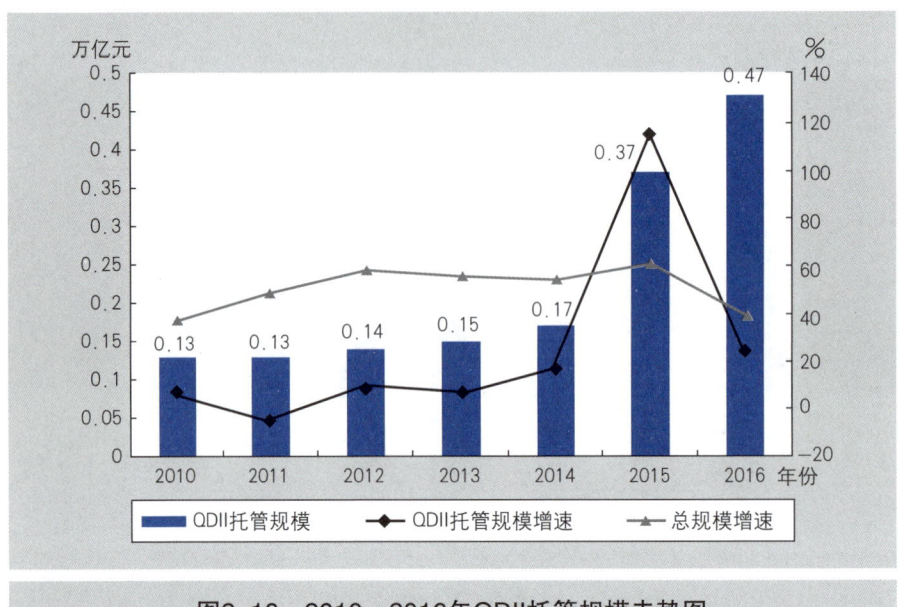

图2-16 2010—2016年QDII托管规模走势图

十、QFII托管市场

截至2016年末,中国开展QFII托管业务的托管银行有7家,实现托管规模0.27万亿元,相较于2015年同期的0.31万亿元,同比减少13.18%,QFII托管是11个产品大类中唯一一类规模减小的产品。但QFII实现托管费收入达2.13亿元,同比增长34.29%。

2016年QFII托管规模排在前三位的依次是:中国建设银行、中国工商银行、中国银行。

图2-17　2010—2016年QFII托管规模走势图

十一、其他资产托管市场

其他资产托管主要是上述十类以外的、创新类的资产托管业务，如互联网资金存管、慈善基金托管、客户资金托管、抵押资产监管等。截至2016年末，其他资产托管规模为11.25万亿元，相较于2015年同期的8.24万亿元，同比增长36.46%；实现托管费收入47.99亿元，同比降低23.81%。

2016年其他资产托管规模排在前三位的依次是交通银行、中国农业银行、中信银行。2016年该项业务增速排在前三位的依次是广发银行、中国光大银行、宁波银行。

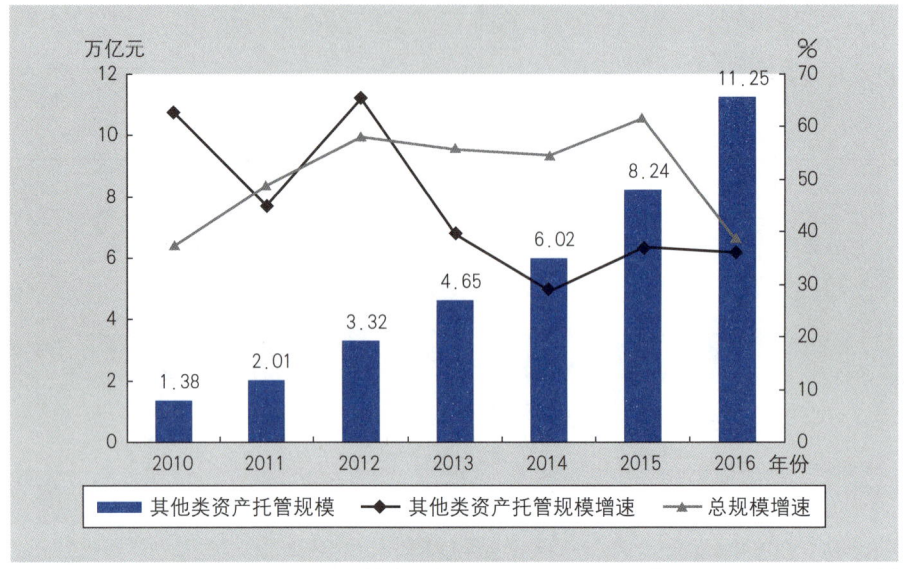

图2-18 2010—2016年其他类资产托管规模走势图

第三章　资产托管政策与制度环境

第一节　基金证券类

一、《证券期货经营机构私募资产管理业务运作管理暂行规定》

（一）政策名称

《证券期货经营机构私募资产管理业务运作管理暂行规定》（中国证券监督管理委员会公告〔2016〕13号），出台时间：2016年7月14日。

（二）出台背景

近几年来，证券期货经营机构私募资管业务发展迅速，在满足居民财富管理需求、构建多层次金融服务市场、服务实体经济等方面发挥了重要作用。但与此同时，一些问题和风险隐患也日益显现。例如，在2015年股市异常波动期间，证券期货经营机构私募资管业务暴露出业务失范等诸多问题。因此，有必要完善规则，进一步提高业务规范化运作水平。此外，在中国证券投资基金业协会登记的私募证券投资基金管理人数量迅速增加，管理规模增长较快，为防范业务风险，避免监管套利，也有必要将私募证券投资基金管理人纳入调整范围。

证监会在《证券期货经营机构落实资产管理业务"八条底线"禁止行为细则》的基础上，征询行业机构意见建议，出台了《证券期货经营机构私募资产管理业务运作管理暂行规定》（以下简称《暂行规定》）。

(三)政策解析

《暂行规定》的主要思路是在正本清源、强化约束的前提下,重点加强对违规宣传推介和销售行为、结构化资管产品、违法从事证券期货业务活动、委托第三方机构提供投资建议、开展或参与"资金池"业务、实施过度激励等的规范。全文共十六条,主要内容如下:

一是明确了《暂行规定》的适用范围,主要适用于证券期货经营机构通过资产管理计划形式开展的私募资产管理业务,证券公司、基金管理公司子公司按照规定开展的资产证券化业务不适用,暂不适用于私募股权投资基金、创业投资基金。二是明确关于"违规委托第三方机构为其提供投资建议"和"从事违法证券期货业务活动"的禁止性要求。三是修改"结构化资产管理计划"和"不得开展或参与资金池业务"相关内容。四是进一步规范销售推介行为,明确资管产品名称中不得出现"保本""预期收益""预计收益"字样,不得变相降低合格投资者门槛。五是修改完善过度激励相关要求。六是对结构化产品、保本产品、委托提供投资建议等方面条款实施"新老划断"的过渡安排。

(四)政策影响

此次《暂行规定》的颁布,标志着对资管类业务的规定,从行为细则上升到证监会规范性文件,提高了法律效力,增强了对机构的约束力。《暂行规定》的出台体现了中国证监会对私募资产管理业务"正本清源、强化约束"的监管导向,强化了对证券期货经营机构的合规要求,有利于解决当前存在的突出问题,引导机构回归资产管理业务本质,促进行业健康有序长期发展。

二、《公开募集证券投资基金运作指引第2号——基金中基金指引》

(一)政策名称

《公开募集证券投资基金运作指引第2号——基金中基金指引》

（中国证券监督管理委员会公告〔2016〕20号），出台时间：2016年9月11日。

（二）出台背景

为促进证券投资基金的创新与发展，保护投资者合法权益，拓展公募基金的投资范围和业务领域，支持公募基金产品创新，提升服务能力，证监会结合监管实践及市场形势最新情况，根据《证券投资基金法》《公开募集证券投资基金运作管理办法》等法律法规，发布《公开募集证券投资基金运作指引第2号——基金中基金指引》（以下简称《指引》）。基金中基金（以下简称FOF）近年来在境外发展较快，是一个比较成熟的品种。FOF通过持有多个基金，可进一步分散投资风险、优化资产配置，降低多样化基金投资门槛，为投资者提供专业化选基服务。

（三）政策解析

《指引》主要针对FOF的定义、分散投资、基金费用、基金份额持有人大会、信息披露等方面进行了规定。具体内容为：

一是明确基金中基金的定义。明确FOF的主要投资标的为"经中国证监会依法核准或注册的公开募集的基金份额"，且需遵循组合投资原则。

二是完善基金中基金的投资限制，强化分散投资，防范集中持有风险。《指引》规定，FOF持有单只基金的市值，不得高于FOF资产净值的20%，且不得持有其他FOF；并从投资标的自身风险、投资标的运作期限和资产规模、流动性风险等方面对FOF进行了规范。

三是不允许FOF持有分级基金等具有衍生品性质的产品。FOF主要是为广大投资者提供多样化投资基金的工具，不是为投资者提供绕过衍生品市场适当性制度进入衍生品市场的工具。

四是减少双重收费，防范利益输送。当FOF和被投资基金为同一基金管理人或同一基金托管人时，管理费或托管费不能重复收取，同时要求FOF申购同一基金管理人管理的基金时，应当通过直销渠道申购,并且不得收取申购费、赎回费、销售服务费等销售费用。

五是明确FOF参与持有基金的份额持有人大会的原则。FOF的基金管理人应代表FOF份额持有人的利益,在遵循FOF份额持有人利益优先原则的前提下行使相关投票权利;FOF管理人需将表决意见事先征求基金托管人的意见,并在定期报告中予以披露。

六是强化FOF信息披露要求。《指引》规定,FOF的投资风格应当清晰、鲜明。基金名称应当表明基金类别和投资特征。基金合同中应明确被投资基金的选择标准,定期报告和招募说明书等文件中应设立专门章节披露所持有基金的相关情况,并揭示相关风险,使投资者能够对FOF运营状况作出客观判断,减少信息不对称。

七是明确基金中基金的估值原则,明确FOF份额净值和份额累计净值的信息披露要求为被投资基金披露净值的次日,这对各基金管理人估值系统的开发、估值时间、估值数据格式、数据来源等方面都提出了较高的要求。

八是明确基金中基金管理人、托管人的相关职责,强化主体责任。明确基金公司开展基金中基金业务的组织构架。要求基金管理人设置独立部门、配备专门人员开展基金中基金业务,就防范利益输送、内幕交易等行为制定业务规则和明确相关安排。同时规定,FOF的基金经理不得与其他基金的基金经理相互兼任。

(四)政策影响

《指引》的出台将进一步提升基金业务的灵活性和适应性,发展基金中基金有利于广大投资者借助基金管理人的专业化选基优势投资基金,拓宽基金业发展空间;有利于丰富基金产品,满足投资者多样化资产配置投资需求,有效分散投资风险,降低多样化投资的门槛,完善基金市场投资者结构,引导理性投资。

三、《证券基金经营机构参与内地与香港股票市场交易互联互通指引》

（一）政策名称

《证券基金经营机构参与内地与香港股票市场交易互联互通指引》（中国证券监督管理委员会公告〔2016〕24号），出台时间：2016年10月11日。

（二）出台背景

为规范证券公司、公开募集证券投资基金的基金管理人开展内地与香港股票市场交易互联互通机制下港股通相关业务有关事项，防范运营风险，保护投资者合法权益，证监会根据《证券法》《证券投资基金法》《内地与香港股票市场交易互联互通机制若干规定》等法律法规，制定了《证券基金经营机构参与内地与香港股票市场交易互联互通指引》（以下简称《互联互通指引》）。

（三）政策解析

《互联互通指引》共十三条，主要针对适用范围、证券基金经营机构参与内地与香港股票市场交易的主体资格和内部控制、证券公司提供港股通交易服务、公募基金参与港股通交易等应该遵守的要求以及信息披露等。主要内容包括：

一是明确了证券基金经营机构开展港股通相关业务，不需具备跨境业务资格，但应当按照业务性质取得相应的证券、基金业务资格，同时遵守相关业务的监管要求与自律规则，并且应当建立健全内部管理制度和业务流程，强化内部控制，完善风险管理。二是要求证券公司在提供港股通交易服务时，应履行投资者教育义务，开展投资者风险揭示，按照平等、自愿、公平、诚实信用的原则收取交易佣金，完善纠纷处理和应急机制等。三是明确证券公司可以以自有资金投资港股通标的证券。

（四）政策影响

《互联互通指引》整合了原有证券公司、公募基金管理人"港股通"相关监管文件，总体上与证券基金经营机构"沪港通"相关监管要求相一致，同时将适用范围扩展至包括"深港通"在内的内地与香港股票市场交易互联互通机制。此外，针对"深港通"推出后"港股通"出现两条买卖盘传递通道，投资者"港股通"交易可能面临新情况、新问题，《互联互通指引》要求证券公司切实做好投资者教育、风险揭示等相关工作，更好地保护"港股通"投资者的合法权益。至此，参与主体、交易机制、信息披露、监管衔接等各方面的制度规则已基本完善。

四、《基金管理公司子公司管理规定》及《基金管理公司特定客户资产管理子公司风险控制指标管理暂行规定》

（一）政策名称

《基金管理公司子公司管理规定》（证监会公告〔2016〕29号）及《基金管理公司特定客户资产管理子公司风险控制指标管理暂行规定》（证监会公告〔2016〕30号），出台时间：2016年11月29日。

（二）出台背景

随着我国资产管理业务的不断发展，商业银行通过基金子公司投资于非标准化资产的通道类业务迅速发展，逐步暴露出一些亟须规范的问题与风险。为推进基金管理公司更好地服务实体经济，进一步加强基金管理公司子公司监管，提升基金管理公司子公司风险防控水平，2016年12月，证监会就基金子公司管理及风险控制指标计算方式发布公告，以进一步规范及约束基金子公司通道类非标准化资产业务的开展。

（三）政策解析

《基金管理公司子公司管理规定》共分六章四十一条，主要内容包括：

一是明确基金管理公司子公司持股比例不得低于51%，强调母公司保持对子公司的绝对控股及管理地位。二是明确基金管理公司子公司的业务范围，包括特定客户资产管理业务、基金销售业务、私募股权基金管理业务及证监会许可的其他业务。该要求对基金子公司可开展的业务范围进行了具体规定。三是要求基金管理公司和其子公司之间不得存在同业竞争，基金管理公司人员不得在基金公司子公司兼任职务，避免基金管理公司与其子公司间出现利益冲突、利益输送或关联交易。

《基金管理公司特定客户资产管理子公司风险控制指标管理暂行规定》共分为五章二十六条，主要内容包括：

一是对基金管理公司子公司的净资本提出具体要求，包括净资本不低于1亿元，净资本不得低于各项资本准备之和的100%，净资本不得低于净资产的40%，净资产不得低于负债的20%。二是给出了基金公司的专户子公司投资于各类型资产的风险资本准备计算方式，提高子公司专户投资于非标准化资产的风险系数，也就同时对子公司的资本金提出了更高要求。如子公司专户投资于标准化金融工具的风险系数为0，而一对一子公司专户投资于融资类资管产品的风险系数为1%，一对多子公司专户投资于融资类资管产品的风险系数为2%。

（四）政策影响

基金管理公司子公司的监管新规是我国资产管理行业中对通道类型业务的重大调整，也是响应国家"去通道，降杠杆"政策的一项重要举措。基金子公司监管新规的实施，一是将促使基金子公司回归资产管理主业，锻炼队伍提升主动管理能力，通过优胜劣汰为投资者提供优质的资产管理服务，从而摆脱日益成为银行资金投资通道的角色，促进基金公司子公司健康发展，避免出现兑付风险。二是有助于降低社会融资成本、降低通道费用，为实体经济发展提供更多支持，增强社会经济的活力。三是由于基金公司子公司前期过度依赖通道类资产管理业务，现受制于资本金要求，其业务短期内面临较大的缩减压力，需要及时调整业务结构，在新的政策环境中通过资产证券化等新业务类型开辟其资产管理业务的生存空间。

第二节 保险资管类

一、《中国保监会关于加强组合类保险资产管理产品业务监管的通知》

（一）政策名称

《中国保监会关于加强组合类保险资产管理产品业务监管的通知》（保监资金〔2016〕104号），出台时间：2016年6月13日。

（二）出台背景

为贯彻落实国务院"去杠杆、防风险"的指示精神，规范组合类保险资产管理产品试点业务，切实防范业务风险，保监会印发了《关于加强组合类保险资产管理产品业务监管的通知》（以下简称《通知》），就保险资产管理公司和养老保险公司开展此类业务的资质、产品投资范围、登记发行以及禁止行为等提出了明确要求。

（三）政策解析

《通知》在2013年保监会发布的《关于保险资产管理公司开展资产管理产品业务试点有关问题的通知》（保监资金〔2013〕124号，以下简称《试点通知》）基础上，进一步明确了保险资产管理公司开展产品业务的相关规范。主要内容包括：一是明确公司申请产品业务应当具备的条件，对公司内控管理、部门设置等提出要求，确保符合相关条件方可开展产品业务。二是明确产品基础资产范围应当严格按照《试点通知》的规定执行。三是明确产品发行与登记服务原则，通过保监会指定的资产交易平台为产品提供登记、发行等业务服务，以规范产品业务行为，有效保护相关当事人合法权益。四是明确产品业务的具体监管要求，包括产品分类标准、产品业务的禁止情形等。

（四）政策影响

《通知》是贯彻落实国务院"简政放权、放管结合"精神和"放开前端、管住后端"监管原则的具体体现，是以服务市场为导向，强化事中事后监管，防范产品业务运作风险的重要举措：一是有利于建立完整的产品业务风险管理体系和框架，提高公司风险识别能力和风险防范能力，强化产品业务"去杠杆、防风险"要求。二是有利于加强公司产品管理能力建设，提升公司产品业务核心竞争力。三是有助于形成外部约束和内部监督相结合的产品业务管理模式，以规范业务运作机制。四是有利于建立健全产品业务的监管和监测体系，便于及时、全面掌握产品情况，提高监管和监测工作的针对性和时效性。

二、《保险资金间接投资基础设施项目管理办法》

（一）政策名称

《保险资金间接投资基础设施项目管理办法》（保监会令2016年第2号），出台时间：2016年6月14日。

（二）出台背景

中国保监会2006年3月14日发布的《保险资金间接投资基础设施项目试点管理办法》（保监会令2006年第1号）规定的可投资基础设施领域较窄，仅限于交通、通信、能源、市政和环保五个行业，行业集中度较高，无法满足市场需求。

目前保险投资端面临趋势性压力，长期资产配置的改善仍有待于国内债券市场更为完善，而短期框架下，非标资产仍然是主要方向。《保险资金间接投资基础设施项目管理办法》（以下简称《办法》）的出台进一步拓宽了投资空间，加强了风险管控，满足保险资金长期配置需求。

（三）政策解析

《办法》放宽了保险资金可投资基础设施项目的行业范围，增加政府和社会资本合作等可行投资模式。在政策上鼓励保险资金更大规模地进入基础设施建设领域，有助于险资投资实现多元化，分散投资风险。《办法》将受托人业务资质由审批调整为能力评估，将投资计划产品发行由事前备案调整为行业协会注册，将保险公司购买投资计划由审批调整为事后报告，删除了所有行政事务许可，这有利于提高险资的投资运作效率。

（四）政策影响

基础设施投资规模大、期限较长、收益稳定，是保险资金配置的较好资产。2006年以来，保险资金通过基础设施投资计划的形式间接投资基础设施项目，取得较好进展。《办法》的发布给予投资基础设施项目更多自由度，相当于增大保险资产端供给，原来受限于行业范围、监管效率低或单一项目投资比例等因素而可能无法落地的投资项目将具有可行性。

三、《中国保监会关于做好保险专业中介业务许可工作的通知》

（一）政策名称

《中国保监会关于做好保险专业中介业务许可工作的通知》（保监发〔2016〕82号），出台时间：2016年9月29日。

（二）出台背景

保监会贯彻落实党中央、国务院"简政放权"决策部署，保险中介行政许可审批改革成效初显。同时，保险业发展政策环境趋好，对社会资本的吸引力增强。在实践中，专业中介准入和监管工作中也面临一些新问题：一是经济下行压力较大，市场环境更加复杂，风险跨市场、跨领域传递的隐患增加。二是有些申请人的业务许可申请暴露出准备不充分、软硬件不达标等问题。三是专业中介自身承担风险的能力偏低。为适应新形势、新要求，专业中介业务许可条件和标准亟须有针对性地细化和完善。为切实做好保险专业中介业务许可工作，促进保险中介市场健康稳定发展，中国保监会印发了《关于做好保险专业中介业务许可工作的通知》（以下简称《通知》）。

（三）政策解析

《通知》主要体现两个原则。一是简政放权，以管促放。放开放活前端，管好管住后端。《通知》立足于对已有准入条件和标准的细化、补充、完善，提出出资资金应自有、真实、合法，以及注册资本托管、治理结构完善等要求，通过严格前端准入为后端过程管理夯实基础，实现从主要管机构到重点管业务的无缝对接。二是严把关口，守住底线。专业中介不承担保险责任，但由于它涉及保单销售，面向大众，一旦发生风险，危害性和处置难度很大。而且，专业中介目前正成为社会投资热点及外部风险易传染领域。必须从制度和执行上坚持"严"字当头，在准入关口最大限度地消除隐患、守住底线。

《通知》具体从六个方面对保险专业中介业务许可申请的审查提出明确要求。一是股东出资应自有、真实、合法。股东不得用银行贷款及其他形式的非自有资金投资，法人和自然人股东应符合相关财务标准、出具出资能力证明材料等。二是注册资本实施托管。机构应在资金雄厚、管理规范、具有托管经验的银行开立托管账户，将全部注册资本进行托管，同时，细化动用条件，规范使用方式。三是职业责任保险足额有效。投保职业责任保险的机构应出具承诺函，并保持职业责任保险的足额性、有效性和连续性，不得违反规定退保或降低保障水平。四是商业模式合理可行，机构要全面评估当地经济、社会和金融保险发展情况，机构组建的可行性和必要性，提出合理的市场前景分析、业务和财务发展规划、风险管理计划等。五是公司治理完善到位。机构要依照职责明晰、强化制衡、加强风险管理的原则,建立完善的公司治理结构和制度。六是风险测试符合要求。对机构进行风险测试,综合考察机构、股东及存在关联关系的单位或者个人的历史经营状况,辨识是否存在利用保险中介从事非法经营活动的可能性,全面评估其风险状况。

(四)政策影响

《通知》是保监会根据新的政策和市场环境制定的,将通过严格前端准入为后端过程管理夯实基础,在引导社会资本合理有序投资、防范金融风险跨行业传递、提升机构风险承担能力和管理水平等方面发挥积极作用。一是引导社会资本有序投资。二是防范风险跨领域传递。三是增强机构风险承担能力。四是提升机构经营管理水平。《通知》中提出的注册资本托管也为商业银行资产托管业务扩展业务品种提供了新的发展领域。

第三节 养老金类

一、《职业年金基金管理暂行办法》

(一)政策名称

《职业年金基金管理暂行办法》(人社部发〔2016〕92号),出台时间:2016年9月28日。

(二)出台背景

为规范职业年金基金管理,维护各方当事人的合法权益,根据《信托法》《合同法》《证券投资基金法》《国务院关于机关事业单位工作人员养老保险制度改革的决定》(国发〔2015〕2号)、《国务院办公厅关于印发机关事业单位职业年金办法的通知》(国办发〔2015〕18号)等法律及有关规定,制定了《职业年金基金管理暂行办法》(以下简称《办法》)。

(三)政策解析

《办法》对职业年金基金的定义、适用范围、运营方式、参与主体、合同签署方式、管理机构评选、机构兼任限制、基金财产独立性、基金清算、监管主体等进行了明确的规定。同时，规定了以下内容：

一是各主体的管理职责与禁止行为。首先，明确了主体包括建立职业年金的机关事业单位、代理人、受托人、托管人、投资管理人。同时，规定了当托管人发现投资管理人依据尚未成立或已经成立的投资指令违反法律、行政法规、其他有关规定或者合同约定时的处理办法。其次，列出投资管理人应当及时向受托人报告的三种情形。最后，规范了受托人、托管人、投资管理人职责终止的八个情形以及后续更换办法。

二是职业年金基金投资。指出职业年金基金投资应当遵循谨慎原则、分散风险的原则，充分考虑职业年金基金财产的安全性、收益性和流动性，实行专业化管理。同时，明确列出了职业年金基金的投资范围，以及职业年金基金财产以投资组合为单位、单个投资组合与单个计划三种情形下，按照公允价值计算时应符合的规定。

三是收益分配及费用。明确了代理人账户管理方式。规定了受托人、托管人年度提取的管理费不得高于基金净资产的0.2%，投资管理人年度提取的管理费不得高于基金净资产的1.2%。同时，规定了投资管理人当期收取的管理费中应提取20%作为职业年金基金投资管理风险准备金，以及指出了风险准备金其他相关情形的处理办法。

四是计划管理及信息披露。首先，明确列出了职业年金计划变更的情形以及处理办法。其次，规定了职业年金计划终止时，代理人与受托人应当共同组织清算组对职业年金基金财产进行清算，以及明确了其他与清算工作相关的处理办法。同时，明确列出了代理人与受托人应当共同聘请会计师事务所对年金计划进行审计的情形。最后，规定了代理人、受托人、托管人与投资管理人需提交的职业年金计划相关报告的时限要求。

五是监督检查。明确了有关监管部门依法履行职责时应采取的措施，有关监管部门进行调查时应承担的义务，以及各级保险经办机构、受托人、托管人、投资管理人、归集户开户银行发生违法违规行为时的具体处理办法。

（四）政策影响

《办法》的出台为职业年金在各省市落地提供了有力的政策依据，宣告着千亿级机关事业单位职业年金托管市场即将正式起航。随着后续年缴费持续增加，职业年金托管将成为养老基金托管领域未来数年最重要的增长来源之一，为参与其中的市场机构提供了广阔的发展空间。

二、《职业年金基金管理运营流程规范》

（一）政策名称

《职业年金基金管理运营流程规范》（人社部发〔2016〕170号），出台时间：2016年10月31日。

（二）出台背景

为贯彻落实《国务院关于机关事业单位工作人员养老保险制度改革的决定》（国发〔2015〕2号）、《国务院办公厅关于印发机关事业单位职业年金办法的通知》（国办发〔2015〕18号）、《人力资源和社会保障部　财政部关于印发职业年金基金管理暂行办法的通知》（人社部发〔2016〕92号），为充分借鉴企业年金发展经验，有效引导职业年金基金工作从起始阶段就做到标准化、规范化，提高职业年金基金运营管理效率，人社部制定了《职业年金基金管理运营流程规范》（以下简称《流程规范》）。

（三）政策解析

《流程规范》主要对以下内容进行了规范：

一是定义和释义。对职业年金、职业年金基金、统一计划、统一计划收益率审核人、统一计划收益率计算人、个人账户、投资组合代码、交易日、工作日、定价日、不可抗力进行了具体定义。

二是职业年金基金资产账户及交易单元管理。对投资组合代码、名称以及具体管理流程进行了规定；逐一规范了职业年金基金资产中的资金账户、证券账户、银行间市场债券托管账户、开放式基金账户、养老金产品账户、投资管理风险准备金账户、实物证券、其他投资账户的定义以及账户开立的流程和要求；明确了印鉴管理、证券交易单元、账户变更和注销的具体管理细则。

三是对计划建账、缴费管理、归集户利息管理、待遇支付、人员转移管理、投资变更、基金报价和成交处理、清算交收、投资监督、计划变更和终止管理、信息披露等各个业务具体操作环节中，代理人、受托人、托管人等各方的职责分工和具体工作流程进行了详细描述，并明确了巨额赎回、发生清算差错等的特殊处理流程，使实际操作有章可循。

四是会计核算。指出托管人、投资管理人应根据《企业会计准则第10号——企业年金基金》《企业会计准则第22号——金融工具确认和计量》和《关于发布扩大投资范围后新增投资产品估值核算指导意见（试行）的通知》（人社监司便函〔2014〕5号）及修订后的相关会计准则，并参照《证券投资基金会计核算业务指引》等规定执行，开展职业年金基金资产的会计核算工作。同时，进一步规范了受托人、托管人与投资管理人的估值频率、对账、信息披露工作的内容，以及在发生特殊情况时各方的职责以及处理办法。

五是明确了受托管理费、投资管理费、托管费及其他费用的计提标准和支付方法，明确规定了投资风险准备金的计提比例以及支付的工作流程。

六是指令发送及各方指令人权限和印鉴。详细列出了指令授权的具体生效流程，并规定了指令中需涵盖的内容；对指令发送的方式、指令确认流程、确认时效都进行了明确规定。同时也指出了在指令要素不全或清算处理不及时等特殊情形下，托管人与投资管理人具体的解决办法以及追责细节。最后，规范了被授权人员更换的具体程序。

（四）政策影响

《流程规范》的出台，对职业年金计划代理人和职业年金管理机构的业务流程、工作职责、时效要求及信息交互都进行了明确规定。有助于推动职业年金基金运作工作的顺利开展，确保职业年金基金计划启动后规范、有序、安全、高效的运营，以实现职业年金基金资产的稳步增值，切实维护委托人和受益人的权益。

第四节　跨境资产类

一、《关于人民币合格境外机构投资者境内证券投资管理有关问题的通知》

（一）政策名称

《中国人民银行　国家外汇管理局关于人民币合格境外机构投资者境内证券投资管理有关问题的通知》（银发〔2016〕227号），出台时间：2016年9月5日。

（二）出台背景

2016年2月，国家外汇管理局发布《合格境外机构投资者境内证券投资外汇管理规定》，QFII额度从审核制过渡到"备案+审核"制。这一逐步开放的过程，代表了人民币国际化迈出了重要一步。RQFII市场参与者也表达出向QFII制度靠拢的呼声，在此背景下，关于RQFII的新制度也应运而生。2016年9月5日，中国人民银行、国家外汇管理局联合下发了《中国人民银行　国家外汇管理局关于人民币合格境外机构投资者境内证券投资管理有关问题的通知》（以下简称《通知》）。

（三）政策解析

《通知》明确了人民币境外机构投资者（RQFII）基础额度标

准,自《通知》发布起内地监管机构将对单家人民币合格境外机构投资者投资额度实行备案或审批管理。《通知》规定,人民币合格境外机构投资者在取得资格许可后,可通过备案方式获取不超过其资产规模一定比例的额度。超过基础额度的投资额度申请,应当经国家外汇管理局批准。境外主权基金、央行和货币当局等机构的投资额度不受资产规模比例限制。《通知》在RQFII资金汇出入管理、本金锁定期等方面均做了不同程度的调整。与之前相比,《通知》使境外机构投资者通过RQFII渠道投资中国境内变得更加灵活和便利。此举将进一步助推人民币国际化进程。

(四)政策影响

《通知》将进一步推进RQFII的市场化,取消之前过多的限制规定,为RQFII大规模进入中国资本市场打下了便利的环境基础,将吸引更多的海外人民币通过此渠道回归境内。

二、《中国人民银行公告〔2016〕第3号》

(一)政策名称

《中国人民银行公告〔2016〕第3号》,出台时间:2016年2月24日。

(二)出台背景

我国债券市场改革发展取得了较好成效,目前已成为世界第三大债券市场,具有多元化的投资者结构,以及国债、政策性金融债、金融债、公司信用类债券等多样化的债券产品序列。随着人民币跨境使用的逐步扩大,我国债券市场对外开放步伐不断加快。自2010年以来,人民银行先后允许符合条件的境外央行或货币当局、主权财富基金、国际金融组织、人民币境外清算行和参加行、境外保险机构、RQFII和QFII投资银行间债券市场。2015年7月,人民银行对境外央行类机构(境外央行或货币当局、国际金融组织、主权财富基金)进入银行间市场投资推出了更为便利的政策。在认真总结对外开放工作经验的基础上,人民银行发布《中国人民银行公告〔2016〕第3号》(以下简称《3号公告》),便于更多类型的境外机构投资者依法合规投资银行间债券市场。

(三)政策解析

《3号公告》全面放开了合格境外机构投资者投资银行间债券市场。境外机构投资者的范围、额度进一步放开,准入流程更为简化。具体表现如下:

一是投资者类型进一步丰富。境外机构类投资者准入范围从境外央行主权类机构、境外人民币清算行、参加行及QFII、RQFII,拓展到商业银行、保险公司、证券公司、基金管理公司及其他资产管理机构等各类金融机构及其依法合规面向客户发行的投资产品,以及养老基金、慈善基金、捐赠基金等中国人民银行认可的中长期机构投资者。

二是投资额度上限放开。继境外主权类机构投资限额放开之后,其他类型的符合规定的境外机构投资者也可根据自身需求自主合理决定投资规模,不再受到中国人民银行审批额度的限制,投资效率进一步提高。

三是入市流程更加简化,改审批制为备案制。人民银行不再直接受理银行间债券市场准入申请,而是强化了结算代理人的职责,由结算代理银行负责客户资格审查、客户信息收集等前期工作。在管理模式上境外机构投资者按照主权类和非主权商业类两大类型管理,主权类机构由人民银行金融市场司负责备案管理;非主权商业类机构由人民银行上海总部负责备案管理。备案表较之前人民银行申请入市材料大为简化。

四是可为投资人提供全球托管服务。《3号公告》强调了结算代理人的全球托管服务能力。如境外投资者有托管服务需求,受托为境外机构投资者提供交易和结算服务的结算代理人可以为境外机构投资者提供资产保管、会计核算与估值、报表处理等资产托管服务。

五是明确代理人服务内容，放开费用上限。《3号公告》梳理了结算代理人提供的服务内容，并明确结算代理人可提供交易、结算及托管服务。相关服务费用上限也已取消，服务费用不再受投资金额0.01%的限制，而是由结算代理人和境外机构投资者根据市场化原则自主商定。境外投资者可支付相应费用，享受更多样化的服务内容。

（四）政策影响

《3号公告》的发布将进一步推动银行间债券市场对外开放，便利符合条件的境外机构投资者依法合规投资银行间债券市场，为跨境托管业务的发展创造了条件。

三、《合格境外机构投资者境内证券投资外汇管理规定》

（一）政策名称

《合格境外机构投资者境内证券投资外汇管理规定》（国家外汇管理局公告〔2016〕第1号），出台时间：2016年2月4日。

（二）出台背景

近年来，随着中国资本市场对境外投资者的逐步开放，投资中国境内的渠道日益增多。国家外汇管理局于2012年公布实施的《合格境外机构投资者境内证券投资外汇管理规定》有关内容已不再适应当下合格境外机构投资者境内投资的实际需求，亟待更新以顺应市场发展趋势。

（三）政策解析

一是额度管理方面。投资额度的审批方式由原先的审批制调整为备案和审批管理相结合的方式。对于基础额度以内的投资额度申请采取备案制管理；对于超过基础额度的投资额度申请采取审批制管理。同时，还降低了单个合格投资者申请投资额度的金额要求，取消了额度申请时间间隔限制、投资本金汇入时间要求，缩短或取消了本金锁定期要求。

二是账户管理方面。允许合格投资者在获批的投资额度内根据实际投资需求设立产品并开立相应账户,无须经过外汇局审批。同时,取消了对账户最低剩余本金的要求,因此产品结束后,可以由投资者自行安排账户是否关闭或继续保留。

三是汇兑管理方面。降低了合格投资者境内结汇投资的要求。开放式基金产品汇出频率由每周调整为每日,国家外汇管理局对合格投资者投资额度实行余额管理。

四是统计管理方面。简化了对合格投资者及托管行的数据信息报送要求,取消了《外汇登记证》等手工环节,提高了信息报送的电子化程度,提升了统计和查询效率,实现了信息集约化管理。

(四)政策影响

《合格境外机构投资者境内证券投资外汇管理规定》对合格境外机构投资者境内证券投资的额度审批和管理、账户管理、汇兑管理、信息统计等方面都做出了较大幅度的流程简化,为QFII的境内投资提供了更多便利,提高了政策的实用性和对境外投资者的吸引力。

第五节 其他有关政策法规

一、《私募投资基金管理人内部控制指引》

(一)政策名称

《私募投资基金管理人内部控制指引》,出台日期:2016年2月1日。

(二)出台背景

内部控制在私募投资基金的资金募集、投资研究、投资运作、运营保障和信息披露等各个环节中贯穿始终。中国证券投资基金业协会针对近年来私募投资基金管理人在内部控制制度建立、执行中的基本情况、主要问题进行了认真研究、分析和总结,制订了

《私募投资基金管理人内部控制指引》（以下简称《内部控制指引》）。

（三）政策解析

《内部控制指引》分为五章，共三十三条，主要从私募基金管理人内部控制的目标与原则、内部环境、风险评估、控制活动、信息与沟通及内部监督等方面的制度建设进行自律管理，构成了私募基金管理人内部控制的自律监管框架。

《内部控制指引》中明确提出，除基金合同另有约定外，私募基金应当由基金托管人托管，私募基金管理人应建立健全私募基金托管人遴选制度，切实保障资金安全。基金合同约定私募基金不进行托管的，私募基金管理人应建立保障私募基金财产安全的制度措施和纠纷解决机制。

（四）政策影响

《内部控制指引》有利于促进私募基金行业的运营管理、风险控制水平的提高，确保私募基金管理人经营合法合规、安全稳健。促进私募基金管理人向专业化、规范化基金管理机构发展。从而促进整个私募基金行业的合规发展，更好地维护私募基金管理人及投资者利益。

二、《私募投资基金信息披露管理办法》

（一）政策名称

《私募投资基金信息披露管理办法》，出台日期：2016年2月4日。

（二）出台背景

信息披露是私募基金行业实现自律管理的关键环节，信息披露效果直接影响行业运行效率。为加强私募基金信息披露的制度建设，规范私募基金信息披露义务人向投资者进行披露的内容和方式，保障私募基金投资者的知情权，从而保护私募基金投资者的合法权益，促进资源的合理配置，中国证券投资基金业协会制定了

《私募投资基金信息披露管理办法》（以下简称《管理办法》）。

（三）政策解析

《管理办法》适用于所有私募基金，包括证券类、股权类、创投类或其他类的私募基金，体现了"公募与私募、股权与证券相区别"的原则。按照《管理办法》的要求，私募投资基金披露的内容和频度与公募基金区别较大。该办法初步构建起私募投资基金信息披露的自律监管体系，主要内容如下：

一是信息披露的主体、对象和方式。明确私募基金管理人、托管人，以及法律、行政法规、中国证监会和中国证券投资基金业协会规定的具有信息披露义务的法人和其他组织为信息披露义务人。信息披露对象为私募基金的投资者。私募基金进行托管的，托管人应当对私募基金管理人向投资者披露的基金相关信息进行复核确认。信息披露义务人可以采取信件、传真、电子邮件、官方网站或第三方服务机构登录查询等非公开披露的方式向投资者进行披露，并应通过私募基金信息披露备份平台报送信息。

二是基金运作期间的信息披露。该办法规定了私募基金季度报告的内容和时限，要求信息披露义务人每季度结束之日起10个工作日以内向投资者披露基金净值、主要财务指标以及投资组合情况等信息。单只私募证券投资基金管理规模金额达到5 000万元以上的，应当在每月结束之日起5个工作日以内向投资者披露基金净值信息。每年结束之日起4个月以内向投资者披露报告期末基金净值和基金份额总额、基金财务情况、基金投资运作情况和运用杠杆情况等。

三是信息披露事务管理。规定了私募基金披露事务管理制度的建立要求及必备事项，规定信息披露义务人应当建立健全的信息披露制度，指定专人负责管理信息披露事务，同时规定了私募基金信息文件资料的保存要求。

四是充分尊重"意思自治"原则，体现私募"私"的属性。在充分尊重基金合同"意思自治"原则的基础之上，仅从保护投资者角度对必须要向投资者披露的事项作了基础性的要求。同一私募投资基金存在多个信息披露义务人时，应在相关协议中约定信息披露相关事项和责任义务。信息披露义务人可以委托第三方机构代为披露信息，但是不得免除信息披露义务人法定应承担的信息披露义务。

五是体现了"公募与私募、股权与证券相区别"的原则。按照办法的要求，私募投资基金披露的内容和频度与公募基金区别较大。私募基金仅要求至少每季度向投资者披露一次。此外，由于证券类私募基金与股权或其他类私募基金在流动性、估值、认购赎回等方面存在差异，办法对二者披露的内容和频度也有一定区分。

（四）政策影响

加强私募基金信息披露的制度建设，规范私募基金信息披露义务人，有利于保障私募基金投资者的合法权益，促进市场资源的合理配置。私募投资基金信息披露行为的合理约束和规范，可以帮助信息披露义务人和投资者实现有效的互联互通，最大限度减少信息不对称，为投资者提供了良好的法律保障，有助于促进市场的长期稳定。托管人作为私募基金的信息披露义务人之一，应当在私募基金托管业务开展过程中严格遵守《管理办法》相关规定。

三、《关于发布私募投资基金合同指引的通知》

（一）政策名称

中国证券投资基金业协会发布《关于发布私募投资基金合同指引的通知》，下发私募投资基金合同指引1号（契约型私募基金合同内容与格式指引）、私募投资基金合同指引2号（公司章程必备条款指引）、私募投资基金合同指引3号（合伙协议必备条款指引），出台时间：2016年4月18日。

（二）出台背景

随着私募基金的不断发展，作为私募基金核心文件的基金合同一直缺少专业指引。一些中小基金或者新成立的基金，基金合同的制定较为随意，容易产生争议。同时，部分机构借"私募"之名从事违法违规活动，而投资者无法从合同文本层面进行甄别。为了更好地防范和控制风险，保护投资人的权益，有必要在基金合同方面为私募基金设置必要的指引。中国证券投资基金业协会根据《证券投资基金法》《私募投资基金监督管理暂行办法》《公司法》《合伙企业法》以及《信托法》等相关法律法规规定，参考了其他资产管理产品的合同文本规范性文件，并按照私募投资基金的组织形式划分，制定了适用于契约型、公司型、合伙型三种组织形式的《私募投资基金合同指引》（以下简称《合同指引》）。

（三）政策解析

《合同指引》明确了契约型、合伙企业型、公司型三种不同组织形式的私募基金合同必备条款，分为1号《契约型私募投资基金合同内容与格式指引》、2号《公司章程必备条款指引》以及3号《合伙协议必备条款指引》。

1.《契约型私募投资基金合同内容与格式指引》适用于契约型基金，即指未成立法律实体，而是通过契约的形式设立私募基金，基金管理人、投资者和其他基金参与主体按照契约约定行使相应权利，承担相应义务和责任。契约型私募证券投资基金，应当按照《契约型私募投资基金合同内容与格式指引》制定基金合同；契约型私募股权或其他类型投资基金，应当参考《契约型私募投资基金合同内容与格式指引》制定基金合同。

2.《公司章程必备条款指引》适用于公司型基金，即指投资者依据《公司法》，通过出资形成一个独立的公司法人实体，由公司自行或者通过委托专门的基金管理人机构进行管理，投资者既是基金份额持有者又是基金公司股东，按照公司章程行使相应权利、承担相应义务和责任。

3.《合伙协议必备条款指引》适用于合伙型基金，即指投资者依据《合伙企业法》成立投资基金有限合伙企业，由普通合伙人对合伙企业的债务承担无限连带责任，由基金管理人具体负责投资运作（普通合伙人可以自任基金管理人，也可以另行委托专业机构作为受托人具体负责投资运作）。

《合同指引》体现了不同组织形式基金的差异化监管原则。考虑到契约型基金不具备法律主体地位，缺少相关治理结构以及工商行政管理部门的监督，信息透明度低，道德风险较大，《合同指引》着重对契约型基金的基金合同进行了规范，目的在于对契约型基金进行指导和规范，保护投资者利益；对于公司型以及合伙型基金，考虑到其有独立的法律主体地位且在一定程度上已经受到工商行政管理部门等其他部门的监管，且其拥有法律规定的治理机构，有高度自治性，《合同指引》仅就法律法规要求或者实践中对投资者有重大影响的必备条款进行了指引。

总体而言，契约型基金、合伙型基金、公司型基金的内部治理上由弱到强，在监管力度上从公司型基金、合伙型基金到契约型基金也越来越强。

（四）政策影响

《合同指引》是我国首套针对私募基金合同文本的系统性的行业指引，明确了私募基金规范性内容框架，厘清了私募基金各方当事人权利义务，强化了各类基金的内部治理，充分体现了不同组织形式私募基金的差异化特点。如私募基金进行托管的，私募基金托管人应当根据本指引要求签订基金合同。《合同指引》有助于保护投资者合法权益，鼓励当事人契约自治，推动行业发展创新，强化信托关系，降低行业成本。该指引的出台在为私募类产品提供统一、标准合同文本参照的同时也为大资管时代下私募类产品的统一监管奠定了基础。

四、《私募投资基金募集行为管理办法》

（一）政策名称

《私募投资基金募集行为管理办法》，出台时间：2016年7月15日。

（二）出台背景

私募基金行业发展日益壮大，风险不断积聚，风险事件陆续暴露。中国证券投资基金业协会办结涉嫌违规的私募案件涉及的主要违法违规类型表现为公开宣传、虚假宣传、保本保收益、向非合格投资者募集资金、非法集资、非法吸收公众存款等，其中多数为发生在募集环节的问题。为进一步规范私募基金的募集市场，促进私募基金行业健康发展，保护投资者及相关当事人的合法权益，中国证券投资基金业协会在对近年来私募基金在募集过程中的各种现象、问题研究和总结基础之上，根据《证券投资基金法》《私募投资基金监督管理暂行办法》等法律法规的规定制定了《私募投资基金募集行为管理办法》（以下简称《募集行为办法》）。

（三）政策解析

《募集行为办法》分为七章，共四十四条，主要从募集办法的适用范围、私募基金募集的一般性规定、特定对象确定、推介行为、合格投资者确认及基金合同签署等方面进行自律管理，体现了私募基金募集活动的自律监管框架。主要内容如下：

一是明确了适用范围。以非公开方式向投资者募集资金的行为适用本办法，只有在中国证券投资基金业协会登记的私募基金管理人可以募集其自行管理的私募基金，在中国证监会注册取得基金销售业务资格且成为中国证券投资基金业协会会员的机构（以下统称募集机构）及其从业人员可以受私募基金管理人的委托募集私募基金，前述两类机构可以从事推介私募基金，发售基金份额（权益），办理基金份额（权益）认/申购（认缴）、赎回（退出）等募集业务。

二是明确了募集结算资金专用账户的开立、监督及资金安全等。募集机构或相关合同约定的责任主体应当开立私募基金募集结算资金专用账户，用于统一归集私募基金募集结算资金、向投资者分配收益、给付赎回款项以及分配基金清算后的剩余基金财产等，确保资金原路返还。

三是规定了私募基金管理人委托募集的责任，特别强调其依法应当承担的责任不因委托募集而免除，且要求管理人、募集机构双方签订基金销售协议，在协议中明确双方的权利义务，既能明晰双方职责，同时又能保障投资者的知情权。

四是引入了资金账户监督机构，明确募集机构应当与监督机构签订监督协议，对募集专用账户进行监督，保证资金不被募集机构挪用，并确保资金原路返还。明确对私募基金募集结算资金专用账户的控制权、责任划分及保障资金划转安全的条款，监督机构须承担保障投资者资金划转安全的连带责任条款，取得基金销售业务资格的商业银行、证券公司等金融机构，可以在同一私募基金的募集过程中同时作为募集机构与监督机构，豁免签署账户监督协议。

五是规定了合格投资者和投资冷静期。《募集行为办法》规定了合格投资者标准和身份的确认程序，强调募集机构应当履行反洗钱义务。设置投资冷静期，期内募集机构不得主动联系投资者。坚持分类管理原则，对私募证券投资基金与其他私募基金的投资冷静期做出不同程度的安排。

六是明确了私募基金推介材料中，应对私募基金托管情况进行描述，如没有托管，应以显著字体特别标注，进一步强调了托管在私募基金整体运作过程中的重要地位。

（四）政策影响

一是从募集端规范募集主体资格，遏制非法私募。强调私募基金管理人的受托人义务，依法应当承担的固有责任不因委托而转移。二是强调了募集机构的说明义务、销售适当性责任、信息披露义务等。有利于摒除市场上杂乱无序的第三方理财机构，避免监管真空造成日益加剧的诈骗及非法集资隐患，更好地维护投资者利益，促进现有市场私募募集格局的优化。三是有效加强对投资者的保护，明确基金募集的六项义务。

第四章　资产托管业务创新与风险管理

第一节　组织结构与发展机制创新

随着供给侧结构性改革的持续深化和大资管快速推进，托管业务作为商业银行轻资本低风险的战略新兴业务，面临着重大的历史发展机遇，如何破除制约托管业务发展的体制机制性障碍，充分激发托管业务的经营活力，是托管银行当下思考的重大问题与难题。2016年，中国托管行业在组织结构与发展机制方面大胆尝试，勇于创新，涌现出许多具有革新意义的举措。

中国农业银行制订了托管业务直接经营体制改革专项实施方案，旨在通过改革，进一步理顺托管业务发展体制机制，突出直接经营定位，强化托管业务经营力量，增强创新驱动能力，夯实基础与风险管理。改革后，中国农业银行托管部门具备托管业务直接经营与系统管理的双重功能，建立以收定支的财务资源配置机制，与效益挂钩的薪酬激励机制，市场化的人才补充机制，能上能下的干部管理机制等。

中国银行加强托管业务架构优化和流程梳理，成立上海、北京、深圳等境内托管业务中心和卢森堡、新加坡等境外托管业务中心，完善全球托管业务服务网络，致力于成为投资者境内外资产配置的托管服务者。

交通银行将托管业务作为全行性的重点战略业务，实行准事业部制，在组织架构建设、资源投入、人才保障、系统支持等方面对托管业务给予充分的倾斜和优先支持。建立顺畅高效的业务发展体制机制，形成全行做托管的良好发展格局；搭建"市场营销拓展+风险及业务管理+服务经营"三位一体的业务发展模式，全面延伸市触角；注重发挥总行直营机构和分行"双轮"驱动作用，坚持总行和分行共同面对市场，共同拓展市场和服务客户，着力提高托管业务的市场竞争力。

中信银行提出"商行+投行+托管"业务发展模式，打造客户综合服务价值链条，构建从交易银行到投资银行再到托管银行的全方位、全链条、全流程服务体系，促使资金通过托管回流银行，使商行、投行与托管业务相互带动，助力商业银行向轻资本转型。

兴业银行建立营销、产品、运营相结合的托管金融服务体系，进一步提升营销组织、分行管理、法务审核、风险管理、产品运营、科技建设的专业性和效率。在青岛设立首家直属总行的托管结算服务平台——资产托管（青岛）中心。

上海浦东发展银行提出"做强托管业务"目标，开展组织架构优化调整，将资产托管业务由公司业务板块调整至金融市场业务板块，充分发挥体制改革优势，推进板块内、行内、集团内托管业务协同联动工作，内部协同和向外拓展两轮驱动，形成共同做大托管业务的合力。

第二节 产品与服务创新

"道在日新，艺亦须日新"，不断创新，机体才会保持旺盛的生命力，反之则会日渐僵化，直至被淘汰。资产托管行业依存于资本市场，服务于资管行业。2016年，国内资产托管行业在产品与服务方面推陈出新，对促进资本市场和资产管理行业快速发展，提高托管资产效率、效益，保障托管资产安全等方面发挥了巨大作用。

一、基金公司托管产品与服务创新

2016年深港通正式开通。中国农业银行立即启动互认政策的实施，及时改造托管系统，研究业务流程，制订营销方案，业内首批获得深港通托管服务和结算资格，成功托管首批开展深港通业务的基金之一——"泰康沪港深价值灵活配置混合型基金"。中国农业银行紧抓市场机遇，重点布局风险平衡策略、基金中基金、商品期货、中长期债券指数等稀缺的行业创新基金，成功托管业内首批国开债指数基金之一——"易方达中债7~10年期国开行债券指数基金"。中国建设银行作为业内首家也是唯一一家提供香港基金互认代理人业务的商业银行，针对基金互认业务特点，在数据交互处理和记录、资金交收等方面完善系统功能，形成一套完整的基金互认业务处理方案。中国工商银行推出首只国企ETF基金——"上海国企ETF及其联接基金"。交通银行积极探索创新，升级托管系统，优化业务流程，推出首只以周期行业债券为样本的ETF基金——"海富通上证周期产业债交易型开放式指数证券投资基金"。

二、保险公司托管产品与服务创新

2016年9月，保监会发布《关于保险资金参与沪港通试点的监管口径》，标志着保险资金可参与沪港通试点业务。中国工商银行托管国内首只沪港通保险组合类资产管理产品——"华泰资产—国寿富兰克林港股通精选1号资产管理产品"。中国农业银行托管了泰康资产管理有限责任公司多只沪港通资产管理产品。中信银行也为信诚保险有限责任公司等客户提供沪港通产品托管服务。2016年10月，保监会发布《中国保监会关于做好保险专业中介业务许可工作的通知》，规定保险代理公司、保险经纪公司等保险中介机构注册资本金应实施托管。中国农业银行先后与近百家保险中介机构开展托管业务合作，对其注册资本金进行托管，是行业首批开展该业务的托管银行。

三、证券公司、信托公司、银行理财托管产品与服务创新

中国银行成功落地国内首单光伏企业ABS项目托管业务——"深能南京电力上网收益权资产支持专项计划"。交通银行深度参与香港金管局第三方支付行业监管规则的制定工作，研发"信托+托管"

的服务方案；对理财资金投资顾问托管模式进行创新，为客户提供包含托管、投资顾问、业务咨询等在内的全方位服务，探索为托管客户提供延伸服务的新路径。中信银行成功托管中信证券港股通等第一批开展深港通业务的券商资管产品。华夏银行托管国内首单以酒店物业为标的资产类REITs项目"恒泰浩睿—彩云之南酒店资产支持专项计划"。上海浦东发展银行成功托管"广发资管—郑州银行中意1号资产支持专项计划"，该计划为全国首单城商行贸易融资资产支持证券产品。

四、养老金托管产品与服务创新

2016年，中国工商银行、中国银行、交通银行和招商银行取得基本养老保险基金托管资格。中国工商银行发挥托管专业优势，通过现场办公、一对一磋商等方式，量身定制服务方案，确保基本养老保险基金投资营运工作稳步推进。中国银行作为最早服务全国社保的托管银行，继续发挥养老保障领域的托管优势，为基本养老保险运营提供专业的事前投资监督和事后投资监督服务，在行业内率先实现了与基本养老保险投资管理人电子指令直连，设立专业团队运用多种定量指标和分析方法进行绩效评估服务，保障基本养老保险基金安全稳健运营。交通银行借鉴企业年金管理模式，先后与管理人共同推出管理企业福利资金的信托模式薪酬福利计划产品托管、养老保障管理基金产品托管、养老理财产品托管等服务。上海浦东发展银行养老金业务与投资管理人密切合作，形成投行产品加载的业务模式，与投资管理人合作推出业内第一只指数型养老金产品——"博时中证年金指数混合型养老金产品"。中信银行推出"托管+投顾+养老金"业务模式，为地方商行客户提供全链条、全方位、全流程托管服务；整合年金、养老保障管理产品以及健康类商业保险产品的服务流程、服务渠道，打造包含微信、网银、手机银行等平台在内的养老金一体化个人电子服务平台，实现各类养老产品服务需求的及时响应。

五、跨境托管产品与服务创新

2016年2月，中国人民银行发布第3号公告，便利符合条件的境外机构投资者依法合规投资银行间债券市场。中国农业银行密切跟进，优化业务流程，完善服务方案，成为多家境外机构在中国银行间债券市场投资业务的托管银行和结算代理银行。中信银行成功托管由中信信托旗下投资平台"中信聚信"发起设立的国内首单信托系人民币国际投贷基金，为客户创新定制了"监管政策解读+产品结构设计+跨境托管服务"的全方位服务方案。

六、私募基金服务创新

中国工商银行积极拓展私募基金服务内容和市场空间，提供产品结构设计、募集结算资金监督、信息披露以及协助私募管理人登记、私募投资基金备案等服务；以私募基金服务机构的身份与中国外汇交易中心实现数据直连，私募基金服务业务营运效率明显提升。上海浦东发展银行推出私募基金募集监督托管业务以及份额登记和估值核算服务业务，与原有私募基金托管业务一起，形成更为全面的私募基金托管与服务业务体系，打造与私募机构共同良性互动、循环发展的"私募生态圈"。渤海银行积极组建独立的专业团队，开展私募基金服务业务，推出募集资金监管、份额登记、估值核算、TA资金清算、信息披露五项业务，实现对私募投资基金等资管机构运营服务的全覆盖。平安银行、上海银行着力推进"托管+外包"的业务模式，为私募机构"投、募、管、退"各生命周期环节提供全方位的综合金融服务。恒丰银行与东方证券、太平洋证券、海通证券建立了战略合作关系，通过"恒丰托管+券商业务外包"的模式，发挥各自专业优势，共同为私募基金管理人提供综合金融服务。

七、其他方面创新

上海浦东发展银行参与设立国内规模最大的产业并购母基金之一——中关村并购母基金并获得主托管行资格。平安银行设立"资产托管客户关系管理服务中心",全面实现客户服务"首问负责制",体现"专人、专业、专注"服务优势,通过电话、邮件、信函、上门访问等多渠道为客户提供专业服务。南京银行搭建区域同业合作平台,整合平台内各成员行资源,积极服务中小城商行及农商行。广州农村商业银行采用微信等新媒体,宣传普及托管业务知识,推出"银行托管部的故事""西游记之托管外传"等系列微信漫画和软文,在业内获得好评。

第三节 营运能力创新

2016年,各托管机构在规范化营运基础上,通过完善分级营运体系,实施业务流程再造,深挖潜力,加强规范化和精细化管理,在提升运营效率等方面各自进行有益探索和实践。

中国农业银行通过优化职能分工,促进各类产品的核算服务深度融合和优势共享;打造托管服务平台、三级业务审批制度、一站式综合服务、四条应急通道为特色的"1314"资金清算服务模式;建立营运经理负责制,为做精做实客户服务奠定基础。

中信银行建立并完善"总行—分部—分行"三级营运体系,建立上海、深圳、郑州、杭州、总行营业部五家托管营运分部。总行职责从营运操作向营运管理转型,托管营运分部承担所在分行辖内托管产品营运和跨分行估值产品托管营运职责。

上海浦东发展银行推动实施总行托管运营体制改革,设立总行资产托管运营中心和合肥运营分中心,打造托管集约化运营组织架构。夯实基础管理,强化服务支撑,构建专业、标准、规范、高效、低成本的特色化运营操作模式。推动托管运营流程再造,细化服务标准，打造一站式客户服务模式。

兴业银行持续开展流程优化，提升运营效率，加强精细化管理。根据产品类别、交易品种、结算模式、风险特点对托管产品进行分类管理，实施总行全运营、总分联动运营、分行全运营模式有机结合的营运布局，形成多层次托管运营体系。

上海银行精耕细作托管运作，通过产品分类、运作分层、流程优化，实现托管产能最大化，大幅提升托管队伍的运载能力和质量，年末实现总体产能增长40%，全年运营总体平稳。

华夏银行、浙商银行、恒丰银行等通过加强制度建设、规范业务操作、优化运营流程、深化技能培训等工作，不断提高托管运营效率，提升专业化水平。

第四节　系统与流程创新

托管系统是托管业务运营与发展、创新与进步的重要支撑，是托管核心能力建设的重要组成部分。2016年，各托管机构在提升业务系统能力，提高托管科技系统的先进性、适应性、扩展性等方面持续投入，托管行业整体的科技系统水平和客户服务能力不断提升，有力地促进了托管行业的健康、持续发展。

中国工商银行启动第六代托管业务核心系统的设计和开发工作，采用主流的分布式计算技术对托管业务核心系统架构进行重构，大幅提升系统处理效率。同时以客户为中心进行功能设计，提升托管客户体验及黏性，进一步提高系统处理自动化水平及风险控制水平，简化操作流程，提升服务质量。

中国农业银行成功上线托管综合业务平台，该平台集合了包括产品管理、账户管理、清算服务、报表服务、对账服务、实物管理、投资监督、交易管理等诸多功能，以"直连、直通"为理念，实现精简业务流程，精炼业务操作，精准信息沟通。

中国银行在业内首家投产"深港通"系统功能，支持管理人首批投资港股通业务。积极参与"沪伦通"、企业海外发债项目业务研究，为下阶段拓展海外业务范围、提升服务能力做好技术准备；全球托管系统海外模块建设取得进展，在卢森堡与新加坡完成系统部署；先后完成上清所直连、境外机构投资银行间、深交所新一代交易系统V5配套改造、深港通等多项功能投产，推动中登FISP直连等项目建设，并对境内系统的软、硬件进行了全面升级，通过功能完善及底层设施优化共同推进业务效率提升。

中国建设银行在业内率先实现上清所直连，并推出银行间交割全流程自动化处理方案，为管理人和托管人省去人工重复机械劳动，降低操作风险，提高结算效率，业务承载能力实现大幅飞跃。

交通银行托管业务系统采用自有的JUMP平台进行设计和开发，集资金清算、会计核算、资产估值、各类报表、投资监督、绩效评估等功能于一体，具有先进的设计理念和良好的外延性。系统F5集群技术实现动态负载，采用工作流为引擎的任务集中控制，开发了各种灵活配置方式，包括客户交易工作流、会计凭证模板、报表模板等，能快速实现客户个性化要求。

中信银行以实现"操作简便化、流程智能化、配置一体化、监控实时化为目标，整合原有独立子系统，通过参数化、模块化设计，解决原功能分散、数据标准不统一、各个子系统间交互复杂、数据多次录入等问题，提高系统智能化程度及系统处理效率。

光大银行成功研发并上线"驾驶舱易智托管"管理平台，开启了流程智能管理、托管创新服务的新模式；推出托管"五合一"核算机器人系统，业内首家实现全流程自动化估值。

华夏银行新资产托管系统（ACS5.0）功能升级上线，总分行托管产品实现线上运行，流程梳理自动化，业务处理规则、模板、报表、报告配置化，参数信息统一管理，有效提升运营效率。

中国民生银行推出E-COS（Electronic Costudy Operation System）

系统，实现指令接收、指令制作、资金划付全流程电子化、不落地处理，避免人工干预，提高支付效率，减少操作风险。该系统支持划款指令执行状态、托管账户资金余额及明细、报告报表的实时查询，降低沟通成本，提升客户体验。

上海浦东发展银行新一代资产托管业务系统一期、二期成功上线并稳定运行。系统采用全新设计理念，是产品类型多样化、数据管理集约化、信息流转直通化、运营操作流程化、风险监控智能化、客户服务个性化的托管综合服务平台，大幅提升了业务处理效率。

兴业银行加强系统升级优化，实现管理人系统、托管系统与兴业银行核心系统的无纸化连接，全面提高托管账户管理的安全性、指令审核的高效率、清算划款及结算的及时性和准确性；托管业务合同管理系统升级项目投产运行，合同审批签订效率明显提高。

平安银行打造"存管家"网络借贷资金存管平台，实现数据分析和业务管理线上化；完善资产托管综合管理系统，实现产品、客户、运营、绩效、营销等数据的统一管理；通过流程再造，系统联通提高托管运营流程化、自动化、电子化水平；建立、推广与管理人、受托人、结算机构、交易机构的数据交互，提高直通化水平；全面实现内部清核联动，提高数据共享和数据核对水平；研发"平安托管+"小程序，可绑定账号、查询托管产品、明细、余额和指令进度，随时随地提供高效便捷的托管服务。

渤海银行开发完善大资管业务辅助台账业务管理功能，全面实施电子档案管理；正式投产使用托管网银，切实提高业务直通式处理能力；打通深圳金融结算系统划款通道，实现向境内29家行7×24小时划款功能。

中国邮政储蓄银行致力于区块链技术的研究和布局，上线基于区块链的资产托管系统，在真实的业务环境中顺利执行交易上百笔。

浙商银行针对非标类产品托管占比越来越高的实际情况，定制并新建非标类托管产品估值核算系统，大幅提升非标托管产品的估值核算效率。

恒丰银行对清算、核算、信息披露及资产监控系统适时进行升级改造，增加衍生品，如国债期货、股指期货、商品期货及两融产品的托管，进一步丰富和完善了托管产品线。

江苏银行坚持系统先行策略，以实现审批线上化、运营智能化、报表自动化，达到行业先进水平为目标，加大系统研发投入，自主研发资产托管综合业务平台，顺利实现托管业务管理系统（二期）的投产上线。

宁波银行易托管系统先后推出易直连模块、易托管委托人版本等新核心功能，通过持续的系统研发，业务流程顺畅程度得到了大幅提升。

第五节　风险管理

2016年，国内外经济金融形势复杂多变，托管行业发展面临严峻考验。托管行业以安全保管托管资产为首任，谨慎防范风险。各托管机构不断完善内控与风险管理体系、加强制度建设、加大内外部检查力度，严防外部市场和信用风险向托管业务蔓延，保障托管资产安全。

一、全面贯彻风险理念，健全风险管理体系

面对资本市场的复杂形势和严峻挑战，各资产托管机构将防风险放在更加突出的位置，全面贯彻风险管理理念，稳步推进多层次风险管理体系建设。

中国农业银行从托管业务风险集中管控出发，在全行统一风险管理政策框架内，通过严格业务授权、评估风险隐患、评价内控能力、开展尽职监督、演练业务灾备等措施，实现托管业务风险管理

层级的提升。

中国建设银行始终坚持强化内控与风险管理，规范业务发展，建立"尽责、规范、稳健、审慎"的内控原则，推进内部控制标准化建设工作。根据分行经营能力，实施对分行差别化授权，持续实施反洗钱评估、不相容岗位管理、轻微违规行为积分管理等内控措施，组织开展多项托管业务风险自查和重点托管业务实物凭证检查等工作。

交通银行以风险合规作为托管业务发展的基石，树立"稳健、平衡、合规、创新"的风险偏好，强化全员风险管理意识，培育和营造良好的风险管理文化。自2012年设立专职风险合规部门以来，该部门行使独立监察职能，负责资产托管业务内部风险控制工作，对风险实行全流程、全链条的管理，多年来取得了良好的成效。

中信银行按照"坚守底线、强化责任、重在执行、主动管理、创造价值"的核心理念，制订风险文化建设实施方案，从制度建设、流程优化、授权管理、系统建设、考核问责等多个维度，持续开展内控合规优化提升活动，建立合规内控与风险管理例会制度，完善内控风险管理沟通机制。

平安银行在业务开展过程中，不断完善全员合规、专岗负责、四级管控的工作机制，建立横向部门协同、纵向总分一体的风控体系，全面落实风险管理各项工作。

二、制定与时俱进的风险管理制度与策略

资本市场瞬息万变，面对推陈出新的金融投资产品，资产托管机构牢牢把握监管政策思路和市场发展趋势，不断完善风险管理体系，加强风险管理制度建设。针对互联网金融、私募基金、交易平台等新型托管业务的风险特征，及时调整风险管理策略，防范新型托管业务风险。

中国工商银行对十三类托管产品进行了全面梳理分类，健全风

控和业务管理体系，在合作准入、授权管理、制度更新、系统优化等方面开展有针对性的风险治理工作。

中国农业银行高度重视新型托管业务跨市场、跨条线、跨部门的风险管理问题，积极探索符合托管业务特点的风险授权制度，研究风险防控与托管业务发展、激励措施的协调机制，制定与直接经营体制改革和托管业务转型升级相匹配的风险集中管控策略。

中国银行针对托管业务主要面临的操作风险，通过操作风险与控制评估（RACA）、规章制度梳理、内控检查、外部审计等措施加强管控，逐步完善托管业务内控与操作风险管理体系；针对托管业务潜在的声誉风险和法律合规风险的管控，积极完善相应的规章制度和工作流程，以适应业务发展的新变化和新要求。

中国建设银行高度重视业务连续性管理和应急机制建设工作，定期组织系统连续性测试和应急演练，建立总分行多地运营联动机制，确保客户资产安全。

中信银行首次建立"新兴托管业务项目评审会"机制，对风险较高的业务品种（如PE类、大宗类等声誉风险相对集中的项目）集体决策，固定时间进行审议，有效地防范声誉风险。

中国民生银行结合全行"法制民生"建设活动，完善依法合规经营制度规范体系，在有效控制法律合规风险的同时保障经营管理安全有序、创新动力健康强劲。

平安银行从完善和落实制度入手，根据市场发展情况对原有制度进行全面梳理和修订，建立产品、人员、业务申报流程、考核管理等多维度、全方位的托管业务管理制度；紧抓制度落实，切实保障一切工作按制度办理，从源头上遏制风险事件的发生；有针对性地研究互联网金融、私募基金、交易平台、客户资金等新型托管业务的风险特征、缓释手段和处置策略，为创新发展保驾护航。

华夏银行修订多项管理办法及实施细则，完善业务流程，提升制度可操作性；梳理形成《资产托管部操作风险重要风险点及防范措施》，规范资产托管和代销基金业务管理。

恒丰银行坚持业务发展"制度先行"的原则，修订完善十四项业务管理制度，新增《P2P网贷平台资金存管业务应急预案》，对P2P资金存管业务进行风险排查，制订整改方案，设立P2P平台新的准入标准，推动业务合规经营。

江苏银行建立托管产品业务模式库，将作业流程、托管协议标准化，从源头管控操作风险和法律风险；紧盯政策形势变化，对部门重点产品、重点业务合同协议进行修订，完善业务报批流程及风险管控措施。

三、加大检查力度，确保各项整改措施落实到位

托管机构组织开展资产托管业务专项检查，发现风险点后，判明风险走势，制定有效的处置对策和整改措施，通过各种机制手段确保落实到位。

中信银行梳理出托管营运流程节点，通过"托管营运流程节点控制"和"营运专业分组"，落实精细化管理和流程再造等要求。

平安银行不断强化业务巡检机制，有效管控风险下沉因素。通过现场或非现场检视，加大对授权分行风险巡检力度和频度，定期分区域开展业务风险巡检，确保每年度巡检覆盖重点经营单位。

上海浦东发展银行加大对重点风险领域专项检查力度，高度关注客户资金产品边界风险和托管业务清算风险。组织开展全行托管业务运营应急演练、总分行托管业务全面自查，推动建立总行对外清算的应急机制。

华夏银行制订《2016年资产托管业务专业案防工作计划》，对分行资产托管业务运营情况开展专业检查；对业务制度、操作流程进行梳理完善，例如补充运营人员，解决缺编率较高的问题，通过"师带徒"等方式，带领新上岗人员尽快熟悉业务处理，加快推进托管系统建设。

包商银行对托管业务核心流程开展了专项内控检视和梳理，范围包括管理人评级、具体项目引入、合同签署及法律审查、核心操作岗位设置、业务授权、系统设置与日常维护管理、重要印章及密钥的保管及使用等。

恒丰银行通过查阅档案、业务谈话、盘点核对、实地核查等方法，对工作中存在的风险点实时监控、反馈并提出解决方案，采用JPS工作法不断跟进工作，改进成效。

四、引入外部审计，全面提升风控能力

长期以来，各家托管机构聘请外部会计师事务所对资产托管业务开展国际标准的内部控制鉴证，借助外部力量持续提升风险控制能力，使资产托管业务内控水平与国际标准接轨。

中国工商银行、中国农业银行、中国建设银行、交通银行、平安银行、渤海银行、江苏银行等多家托管机构连续多年开展ISAE3402内控审计，并持续获得无保留意见审计报告。中国银行开展基于ISAE3402和SSAE16双准则的内控审计，并连续十年获得无保留意见的服务机构控制审阅报告。

第五章 资产托管行业趋势与展望

第一节 金融行业严监管背景下的资产托管行业发展

一、金融行业相关监管政策要点回顾

2016年金融行业监管政策的整体导向保持从严从紧态势,一方面扎牢篱笆,完善监管政策体系,引导资金脱虚向实,真正进入实体经济;另一方面,与时俱进,推进监管理念创新,针对混业跨界经营和互联网金融发展的新变化,从监管理念到监管制度,为新业态和新模式提供良好的政策发展环境。

(一)针对资产管理业务的机构监管持续升级,引导资金脱虚向实

在当前分业监管框架下,银行、保险、证券、信托、基金等持牌金融机构在开展资产管理业务时,存在监管主体不同、法律规章不同的情形,由此引发了监管套利的市场行为。

银行理财方面,2016年末,商业银行理财业务账面余额近30万亿元,增速24%,低于2015年56%的增速,但当年新增理财产品中同业理财数量占比72.47%,成为银行理财规模增长的重要力量,而这一数字在2015年仅为4.28%。银监会2016年大力完善银行理财业务的规制建设。一是引导理财产品更多地投向标准化金融资产。二是要求理财产品与所投资资产相对应,单独管理、单独建账、单独核算。三是严控期限错配和杠杆投资,不得开展滚动发售、混合运作、期限错配、分离定价的资金池理财业务。四是严格控制嵌套投资,加强银行理财对接资管计划和委外投资的监管,强化穿透管理,缩短融资链条。

证券期货基金方面，证监会致力于规范经营机构的经营行为，加强风险排查和投资者教育工作。一是健全完善监管规则，证监会陆续出台《证券期货经营机构私募资产管理业务运作管理暂行规定》《私募投资基金监督管理暂行办法》以及相关操作指引等规章制度。二是完善风险防范及处置机制，下发《关于加强私募基金日常监管和风险防范工作的通知》《私募基金监管协作工作指引》等工作制度，强化私募基金行业风险监测，提高行业风险和问题的发现处理能力。三是加强专项排查，防控行业风险，开展股权众筹风险排查、私募基金风险排查、场外配资风险排查。四是加强防非宣传教育，印发《关于督促证券期货经营机构做好防范非法证券期货活动宣传教育工作的通知》，组织各证监局开展"防非宣传进社区"活动、"正确认识私募，远离非法集资"投资者教育保护活动。

（二）针对互联网金融创新业态的监管逐步落地，引导互联网金融有序创新

2016年，随着大数据、云计算、移动互联网等信息技术的迅速发展，互联网金融得到进一步快速发展。一些互联网金融企业凭借互联网技术手段开展跨界资管业务，不仅偏离了正确创新方向，还产生了"劣币驱逐良币"的效应，尤其是一些横跨P2P、私募、众筹、互联网保险、交易所理财等的综合财富管理平台，利用监管真空从事资产管理业务，极易引发系统性、区域性金融风险。为此，国务院办公厅发布了《互联网金融风险专项整治工作实施方案》，由十七个相关部委联合开展互联网金融风险专项整治行动。此外，相关金融主管部门加快了行业立法制度建设。一方面，在P2P网络借贷领域，银监会发布了《网络借贷信息中介机构业务暂行管理办法》和《网络借贷资金存管业务指引（征求意见稿）》，全面落实《互联网金融发展指导意见》中所明确的监管职责和第三方资金存管制度。中国证券投资基金业协会在2016年以自律规则的形式先后

发布了《私募投资基金管理人内部控制指引》《证券期货经营机构私募资产管理计划备案管理规范第1-3号》和《私募投资基金信息披露管理办法》。另一方面，监管部门在P2P网络借贷和私募领域加强了准入和行为管理。一是强化备案登记管理，对于设立金融机构、从事金融活动，必须依法接受准入管理，未经批准或备案从事金融活动的，由金融管理部门会同工商部门予以认定和查处。二是对于未取得资产管理等金融业务资质但跨界开展金融活动的机构，根据行为监管的准则，通过穿透式监管重点进行清理和规范。

二、严监管背景下资产托管行业发展趋势展望

目前行业监管仍然延续从严监管、防风险、去杠杆的思路，整体来看，主要体现在以下几个方面。

（一）资产管理业务监管标准有望协调统一，通道型产品的托管业务将难以为继

"一行三会"正在建立针对资产管理行业统一的监管框架，以消除不同资产管理产品在不同监管部门之间所产生的监管套利行为，这将对整个资产管理行业产生重大影响。在此基础上，除银行理财、基金、保险等资产管理业务需遵守的共同准则外，有关监管机构还将出台监管细则。去通道、去刚兑、限制非标、禁止嵌套等一旦落实将导致资产管理行业的发展模式产生深刻变化，以往大量的通道业务和嵌套业务模式将难以为继，同时会直接导致资产管理行业增速大幅放缓。对于资产托管行业，与上述资管产品相对应的通道型资产托管业务将由此萎缩甚至消失。

（二）第三方独立托管规则有望落地，托管机制的重要性日益凸显

人民银行会同中央编办、法制办、银监会、证监会、保监会、外汇局等拟出台《关于规范金融机构资产管理业务的指导意见》，目前此意见送审稿中明确要求金融机构发行的资管产品要实行第三

方独立托管。一旦落实并严格执行独立的第三方托管制度，将有助于强化托管银行的职责定位，建立市场化的监管机制。一方面，从监管机构角度考虑，作为独立的托管机构，基于各自职责边界，有助于核查底层资产，对于通过嵌套绕道监管职责以及资金池运作都将形成很强的限制。另一方面，对于托管银行来说，作为独立第三方，对于资产管理机构的制衡作用将进一步凸显，有利于建立对等的法律地位，提高其在整个资产管理业务中的重要性。目前银行理财未完全落实第三方独立托管，另外私募基金中的非证券类产品也未要求强制托管，因此会对这两类产品产生较大影响。

（三）资产托管业务将回归服务本源

未来，整个资产管理行业将进入一个由量变到质变的过程，也即从盲目单一追求数量到数量与质量并重方向转变。首先，刚性兑付将被打破，"受人之托、代人理财"的资产管理业务本质由此得到进一步明确。资产管理机构本身并不承担投资的风险，从而要求投资者理性选择具备专业能力和财务实力的资产管理机构。其次，资产管理业务日趋规范，其核心竞争力必将聚焦于专业化的投资管理能力，基于专业化分工和成本集约的需要，资产管理机构对于中后台服务将产生大量需求。资产托管业务中，围绕通道产品、以开户划款等为主体的简单同质化托管服务的数量将大幅度减少，进而向全面服务资产管理机构的方向转型，回归服务本源，提供真正意义上的资产托管服务。

近年来，大资管行业的大部分产品已经引入资产托管机制。金融监管机构应进一步推动大资管行业全面引入托管机制，形成资产、流程、产品的"全托管"。推动大资管行业实施全托管，有利于协助和强化金融监管，构建系统、全面、无盲点的风险监控体系，有效降低资管行业的违规违约风险，为大资管行业的健康可持续发展创造有利条件。

第二节　养老保障体制改革下的资产托管业务趋势

一、养老保障体制改革的背景

（一）基本养老保险改革

1. 我国养老保险制度改革历程。

养老保险制度是我国社会保障制度的重要组成部分，也是社会稳定、经济发展的重要支柱。我国城镇基本养老保险制度始建于20世纪50年代，80年代中期开始改革。1991年，《国务院关于企业职工养老保险制度改革的决定》提出："随着经济的发展，逐步建立起基本养老保险与企业补充养老保险和职工个人储蓄性养老保险相结合的制度"。自此，我国开始建立以基本养老保险为主的多层次养老保险体系。

1993年11月，党的十四届三中全会提出：城镇职工养老和医疗保险金由单位和个人共同负担，实行社会统筹和个人账户相结合。社会统筹是指以在职职工缴纳的养老保险费支付退休员工的养老金，即由年轻一代抚养退休一代，即现收现付制。个人账户是指个人缴纳的养老金计入个人账户，退休后归个人所有，即基金积累制。1997年，国务院颁布《关于建立统一的企业职工基本养老保险制度的决定》（国发〔1997〕26号），确定了基本养老保险制度框架。

2. 十八大以来养老体制改革。

十八大以来，我国逐步推进养老体制改革，加快养老制度顶层设计。2012年，十八大报告提出，改革和完善企业和机关事业单位社会保险制度，整合城乡居民基本养老保险和基本医疗保险制度，逐步做实养老保险个人账户，实现基础养老金全国统筹，扩大社会保障基金筹资渠道，建立社会保险基金投资运营制度，确保基金安全和保值增值。2013年，十八届三中全会提出，推进机关事业单位养老保险制度改革。加强社会保险基金投资管理和监督，推进基金市场化、多元化投资运营。制定实施免税、延期征税等优惠政策，加快发展企业年金、职业年金、商业保险，构建多层次社会保障体系。2014年，政府工作报告提出，建立统一的城乡居民基本养老保险制度，完善与职工养老保险的衔接办法，改革机关事业单位养老保险制度，鼓励发展企业年金、职业年金和商业保险。

3. 基本养老保险投资方式确立。

2015年8月，国务院出台《基本养老保险基金投资管理办法》，明确规定在基本养老保险基金中引入托管机制，提高了养老金投资运作的规范化程度。基本养老保险基金投资营运采用信托管理模式，由全国社会保障基金理事会受托管理，并委托投资管理人和托管人分别履行养老基金的投资管理及托管职责。

（二）职业年金改革

由于我国养老制度一直未将机关事业单位工作人员列入范围，从而形成了不同性质的工作人员采取不同养老制度的养老"双轨制"，造成退休养老金标准的不公平，为此，中央开始推行机关事业单位养老金改革，改变机关事业单位工作人员财政完全拨付养老金的制度安排，建立与企业职工相同的"基本养老+补充养老"的养老制度，实现我国养老制度的并轨。

2015年1月，国务院印发《机关事业单位工作人员养老保险制度改革的决定》（国发〔2015〕2号），机关事业单位工作人员实行社会统筹与个人账户相结合的基本养老保险制度，并建立职业年金制度，实现与城镇职工养老制度的并轨。随后，又相继推出了《机关事业单位职业年金办法》（国办发〔2015〕18号）及《职业年金基金管理暂行办法》（人社部发〔2016〕92号），职业年金制度顶层设计已基本完成，职业年金基金管理模式正式明确，各省职业年金计划的建立及管理机构选任将正式拉开帷幕。

二、养老保障体制改革为资产托管业务提供了新的发展空间

在基本养老保险和职业年金的市场化运作过程中,资产保值是基础,增值是目标。因此,保障资产安全、防范挪用风险是养老金投资运作的头等大事。托管机制以信托法理为基础,通过在投资人和管理人之间建立第三方的监督与制衡,能够有效解决信息不对称和道德风险,提高交易及投资管理效率,有效避免投资资金被非法挪用、占用和滥用,保障投资资产安全、维护委托人权益。随着我国基本养老保险和职业年金改革的推进,一方面,托管机制作为保障养老金安全的基石,在基金投资营运中发挥着重要作用,另一方面,基本养老保险和职业年金改革也给托管业务带来了新的业务发展空间。

(一)基本养老保险的空间与机遇

基本养老保险基金由各省(自治区、直辖市)预留支付费用后确定委托额度,集中委托全国社保基金理事会投资运营,根据《基本养老保险基金投资管理办法》,基本养老保险基金将从银行存款转变为投资资产形式。基本养老保险基金将选择托管机构为基金投资运营服务,这将为托管银行带来显著的托管规模和收入增长,并产生稳定的存款回流。2016年基本养老保险存量规模4万亿元,其中2万亿元进行市场化投资,根据基金收付差额、财政补贴以及投资收益等因素,预计2020年基金累计结存将近6万亿元,可投资基金规模将达到3万亿元。随着养老基金结余及投资收益累积,托管规模及收入将持续稳定增长,综合效益显著。

(二)职业年金改革的空间与机遇

按照《职业年金基金管理暂行办法》,我国职业年金计划将按地区建立,每个地区可建立多个职业年金计划,全国将分别建立中央在京国家机关及所属事业单位职业年金基金、各省(自治区、直辖市)机关事业单位职业年金基金。职业年金基金采取集中委托投

资运营的方式管理，可建立一个或多个年金计划。2016年末，职业年金存量规模约为4 000亿元，预计每年新增规模约2 000亿元，未来3年将达上万亿元的托管规模，这将给托管业务带来新的业务增长空间。托管银行在获得稳定增长的中间业务收入的同时，还可以获得长期低成本存款，并实现资金结算、资产管理、银行卡、个人理财等业务的联动发展。

三、养老保障体制改革下托管机构的重要性日益提高

（一）托管机构的社会责任不断提高

目前，我国已经基本建立了涵盖基本养老保险、企业年金和职业年金、个人储蓄性养老保险的三支柱养老保障体系。作为养老保障体制的基础，养老金涉及千家万户，社会意义重大，资产安全与保值增值尤为重要。2005年以来，托管机制逐步在企业年金、职业年金、基本养老保险等领域得以应用，使得养老金的各参与机构在财务和制度上相互独立、各司其职，互相之间形成了相互监督及相互制约的机制，不仅保证了养老基金的财产安全，有效地规避和降低了投资营运风险，最大限度地保护了受益人的切身利益，而且也确保了养老基金的平稳、高效运营，有助于实现养老基金的保值增值。

基本养老保险基金、企业年金、职业年金是老百姓的养命钱，托管机制是保障养命钱安全的基石，因此托管机构开展养老金托管不只是一单业务，更是一种社会责任和使命。随着养老金体制改革的不断深化，托管机构的社会责任不断提升，在构建和谐社会、维护社会稳定，保障老百姓养命钱安全方面将发挥更加重要的作用。

（二）托管机构在养老金投资营运过程中发挥重要作用

在养老金投资营运过程中，托管人将在以下方面发挥重要作用：

一是引入第三方、规范治理结构。托管人的介入使得养老基金资产的所有权、使用权与保管权分离，各管理机构之间组成一种相

互制约的关系,并形成了科学的治理结构,从而防范养老基金资产被挪作他用,有效地保障了资产的安全性。

二是通过投资监督防范资金挪用。通过托管人对养老基金投资管理人的投资监督,包括投资范围、投资比例、投资限制及投资指令的依法合规性等,督促投资管理人按照相关国家法律法规及托管协议的要求严格进行投资运作。同时,托管人对投资管理人违反相关法律法规或托管协议等要求的行为,有权拒绝执行并通过书面提示函或电子邮件等形式通知投资管理人,并及时向相关监督部门报告,真实、准确和完整地反映养老基金资产交易监督职责的履行情况,切实保护资产的安全。

三是通过核算估值确保资产完整与信息透明。托管人对养老基金资产进行会计核算及资产估值,并与投资管理人形成相互核对的机制,可以及时、准确和全面地掌握养老基金资产的投资状况。同时,托管人将定期提交养老基金托管及业务情况报告,保障养老基金资产状况信息披露的准确性和透明性。

四是加强风控,防范营运风险。托管人通过构建严格的内部风险控制体系,建立风险隔离、自控、互控、监控和灾备五道防线,确保为养老基金资产的安全提供全方位保障,增加了养老基金投资营运操作的透明性,实现了风险控制的系统化和标准化。利用权责分明、平衡控制及运作有序的风险内控机制,有效地防范了养老基金投资营运的各类风险,保障了委托人的切身利益。

第三节 "大数据"技术下的资产托管业务发展

随着大数据时代的到来,大数据相关应用也获得飞速发展。托管银行在业务开展过程中积累了海量的托管业务数据,具有一定的数据优势。托管银行可以借助大数据技术,充分挖掘托管业务潜在价值,创新托管业务增值服务,形成新的业务增长点。

一、大数据技术的定义和托管行业大数据应用特性

（一）大数据技术的定义

大数据技术，就是从各种类型的数据中快速获得有价值信息的技术。其通常由4V来定义，即Volume（大量的）、Velocity（高速的）、Variety（多样性）和Value（价值性）。目前大数据关键技术一般包括大数据采集、大数据预处理、大数据存储及管理、大数据分析及挖掘、大数据展现和应用（大数据检索、大数据可视化、大数据应用、大数据安全等）。

（二）托管行业大数据技术应用特性

未来，大数据技术在托管行业的应用将逐步展开，成为推动托管业务收入增长的一个关键因素。资产托管业务领域大数据技术应用将主要体现出协同性、可控性、可视化及精细化的特性。

1.托管大数据的协同性与可控性。

实现托管业务大数据的协同和可控，需要进行全业务的数据整合、清洗和分析。数据归集平台是基于Hadoop技术的非结构化数据存储和处理，利用HIVE数据挖掘技术，提供数据采集、数据清洗、数据归类和分析的功能。在此基础上，实现用户、产品行为分析、事件定义、事件管理、预警分析等功能。数据归集平台可以为托管业务前中后台提供数据支持，提高分析能力。集中的数据需要由专业数据分析员进行数据的粗加工，也就是行业内常说的"数据清洗"。即将非结构化数据集中管理后，进行全局表结构设计和数据规整。托管业务数据仓库，需要涵盖和对接交易所、中登、中债登、资讯商（财报、年报、行情等）、银行核心数据、存管数据、期货交易数据、金融市场信息平台、资产证券化系统、委托投资系统、TA系统、理财销售系统等多渠道多元化数据的接入。

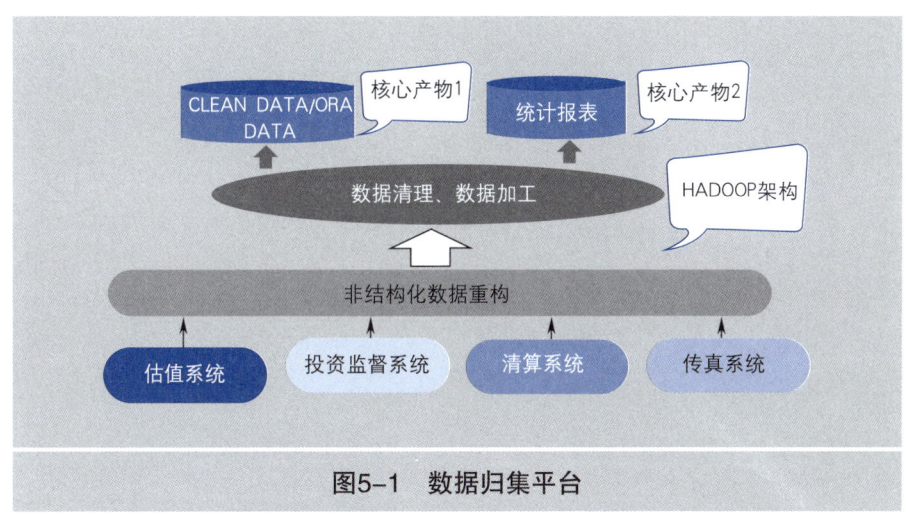

图5-1 数据归集平台

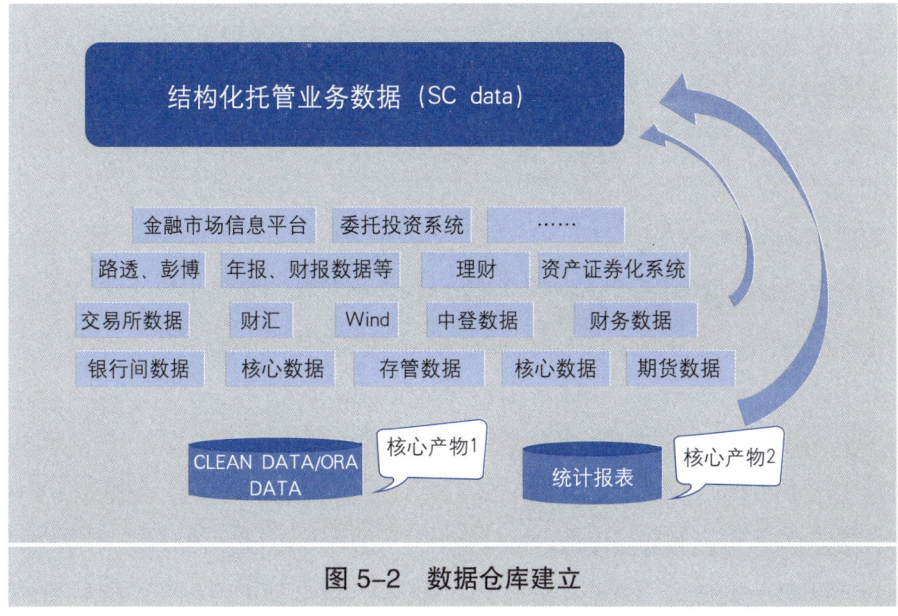

图5-2 数据仓库建立

托管业务数据需要一个能够将数据转化为价值的可控平台。数据分析平台（DAP）就是承担这个使命的平台，用来实现大数据精准营销、精细化管理、增值化服务管理、运营管理、专业报表、专业监控、事中监督、事后监督等。DAP平台简单功能主要包括客户产品分析、行业分类分析、产品特征分析、收益分析、投资分析、历史数据分析等，同时含自我算法优化，简单数据可视化等功能。DAP将成为托管大数据的典型应用，加速托管大数据商业应用进程，真正将大数据同金融市场的实际业务结合起来，为金融行业的业务发展提供加速能源。DAP承载的巨大价值应用，可以帮助金融行业短时间进行数据变现。

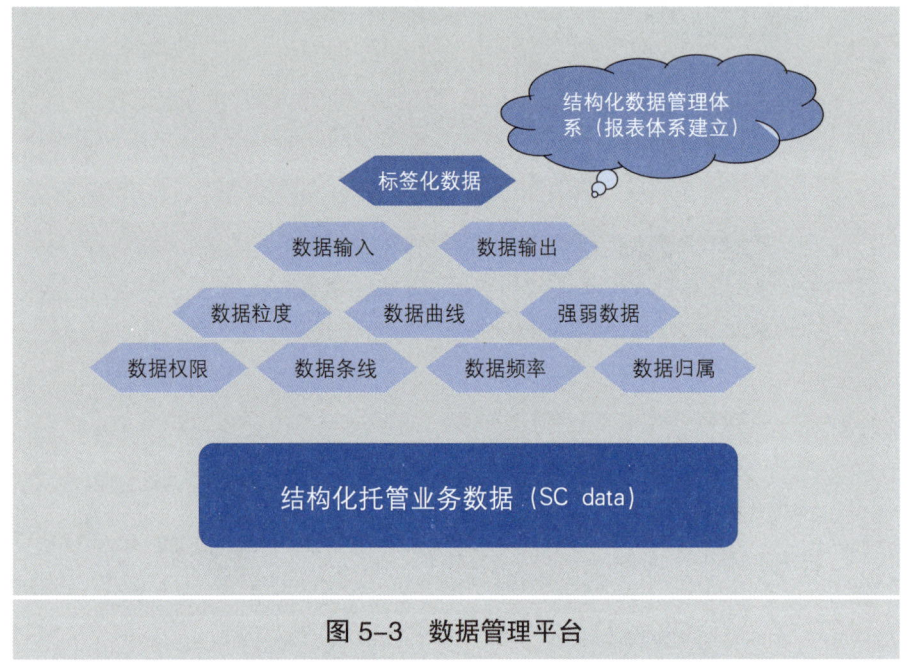

图5-3 数据管理平台

2.托管大数据的可视化和精细化。

很多大数据金融应用都依赖于标签，标签的细化程度和覆盖范围体现了大数据应用的成熟度。标签可以分为管理人属性、投资收益、产品结构、资金沉淀比、投入产出比等各种自定义的类型，定义标签可以从托管专业管理人员角度出发，定义出托管业务需要的客户化信息。在标签化的结构数据基础上，进行可视化处理，就更加方便和快捷。

数据可视化是一个重要的客户推广及客户体验的过程，可视化平台可以借助与客户的网银、微信、APP等多元化渠道来建立。资产托管银行也可以建立独立的数据可视化平台，将经过大数据分析平台加工处理的数据，美观、专业、精准地提供管理者、营销者、运管者，用于客户服务、客户自助、增值化服务等各类业务需要。

在此基础上，我们可以为客户提供专业化的分析报告、研究报告、行业报告，发展托管业务增值服务，寻找新的业务增长点。例如咨询报告方面可以提供常规日、周和月报，从不同维度分析托管业务系统运营状况，提出优化建议。分析报告可以由金融分析师针对不同产品、不同领域进行数据分析、算法研究，输出相关数据，不定期编写研究报告。

二、大数据技术在托管行业的应用尝试

近二十年来，资产托管业务在国内飞速发展，实现了托管规模从零到100万亿元的历史性突破。在业务开展过程中，托管银行一方面会接触并积累大量数据，另一方面会与交易所、客户之间存在大量频繁的数据交换行为，这为大数据技术在资产托管行业的应用奠定了坚实的基础。大数据技术在资产托管业务的分布式存储管理、数据挖掘分析等方面具有非常广泛的应用前景，行业中已有托管银行在大数据技术应用方面进行了有益的业务尝试。

2016年10月，中国邮政储蓄银行基于区块链的资产托管系统上线。与传统托管业务流程相比，该解决方案采用超级账本架构，实现了包括资产委托方、资产管理方、资产托管方以及投资顾问在内的多个不同金融机构实时信息共享，免去了重复信用校验的过程，将原有业务处理时效大大提高，低成本地解决金融活动中的信任难题，将为多方交易带来前所未有的信用的高效交换。同时，区块链具有不可篡改和加密认证的属性，可以确保交易各方在快速共享重要信息的同时，保护账户信息安全。此外，智能合约和共享机制将投资校验整合在区块链上，并确保每笔交易都是在满足合同条款基

础上完成。

三、未来大数据技术下的托管服务创新

在当前资产托管行业同质化竞争日趋激烈的今天，如何利用先进的大数据技术推进托管服务创新，走出一条适合自身特色的差异化发展道路成为各资产托管银行亟待解决的问题。在大数据时代，资产托管银行可以借助海量数据帮助投资者把握市场热点和筛选优选投资产品，也可以辅助管理人做好投资管理和风险控制，通过提供绩效评估、智能投顾等托管增值创新服务寻找资产托管业务未来新的收入增长点。

（一）市场热点与投资方向

资产管理行业需要依据市场走向、政策倾向、行业趋势等信息进行投资分析。作为资产托管银行，拥有的数据几乎涵盖全市场资管产品、投资策略，以及各类行业、各交易市场和交收市场。产品数量越多、交易模型越多越能够体现市场热点以及投资方向。资产托管银行可以以这些数据为基础，进行数据的抽取、归纳、分析，建立科学的分析模型，定期报告阶段性的市场热点和投资方向，供资产管理人参考。利用资产托管大数据的高时效性和可靠性，资产托管银行可以更快更准确地捕获市场热点、投资人情绪、投资方向、投资风格转换等信息。

（二）智能风控

海量数据是资产托管银行的一个金矿而且是富矿。大型资产托管银行基本都建立了庞大的数据仓库，但目前数据挖掘深度和广度还远远不够，还缺乏一批真正的数据挖掘分析专家，数据价值没有得到充分体现，未来数据挖掘空间还很大。比如，风险管理部门的政策制定、监测分析、监控预警等都能通过数据挖掘得到实质性解决，风险防控的精准度也会有较大的提升。对于标准化产品，在合同拟定的过程中，资产托管银行即可以根据存量大数据给出风控条款建议，供客户参考。在产品运营过程中，对于明显不符合市场

逻辑的业务行为，通过模型设定，进行行为甄别并发出预警。对于创新型产品，资产托管银行根据历史大数据拟合产生类似的产品风控体系，主动在各个阶段向业务人员提供相关建议参考，形成多层面、多维度、多类型的智能风控体系。

（三）智能产品创新

在资产管理业务中，良好的数据挖掘能力将大幅提升产品创新能力、市场响应速度和竞争能力。资产管理机构在市场规范、政策条款允许的范围内满足投资者诉求，需要基于大量的业务积累、研究分析和及时的政策解读，做出迅速的、正确的市场研判和创新举措。市场推出的各类研报、上市公司数据及评级报告等市场公开数据数量众多且密集，资产托管银行如将上述各类数据以及多年积累的历史投资交易数据进行汇总分析，根据资产管理人不同诉求进行数据挖掘，向资产管理人提供有价值的分析报告，将极大地推动资产管理人的产品创新，也将创造出新的托管增值服务功能。

（四）投资组合优化及绩效评估

资产托管银行可以根据各托管产品的交易行为、业绩表现等，通过建立专业的量化分析模型，对各托管产品进行绩效与风险分析。例如，在主动管理方面可以给出资产配置等优化建议；在被动管理方面，还可以通过绩效与风险归因模型对资产管理人的历史业绩表现、管理能力、投资管理风格、风险偏好等综合因素进行分析，提供给资产管理人参考。

（五）智能作业处理

资产托管银行可以在清算、核算、投资监督等日常运作中，建立作业处理的标准化流程模型，通过大数据的机器学习，对产品指令、产品文件等进行智能分拣；对相应的业务数据进行智能分析、核对并产生相应报告；自动生成产品报表供业务人员确认。同时可以根据客户个性化诉求，智能生成相关作业处理提醒，或自动生成相应报表并按照客户指定方式发送。此外，资产托管银行可以对历史业务高峰点、历史差错产生情况等与金融市场变化（包括行情、利率等各种指标）的关联进行综合智能分析，向资产管理人发送智能预警提示，降低违约与差错处理率。

金融行业是高度信息化的行业，特别是占据金融产业半壁江山的银行业，从最初的核心银行系统到ATM，从信用卡到网银系统，从固定的网点到直销银行，商业银行既高度依赖信息系统和数据应用，也是巨量数据的拥有者。资产托管业务是商业银行的新兴中间业务，是商业银行连接资本市场、服务实体经济的重要桥梁和纽带。在占有数据优势的基础上，利用大数据技术，不断结合市场发展趋势、客户需求特性挖掘数据应用价值，在为客户提供产品、服务创新的同时也必将为整个资产托管行业寻找到一条更加广阔的转型升级发展之路。

第四节 全球化背景下资产托管业务的机遇与挑战

中国经济的飞速发展，包括近年来"一带一路"政策的逐步落实，使得资本市场开放的广度和深度都显著提升，中国资产托管行业加速了全球化的步伐。2016年证券投资各项改革措施稳步推进，资本市场对外开放取得显著进展。合格机构投资者、银行间债券市场对外开放、沪（深）港通及基金互认等制度的出台都为境内外投资者跨境投资提供了便利。随着人民币国际化进程加快，大宗商品及国际兼并收购等跨境交易日益频繁，境内外客户对于跨境资金的托管需求日益强烈。作为通向"托管网络全球化"的开端，跨境资产托管无疑是商业银行加入全球金融市场的重要业务布局之一。

一、国内托管银行跨境业务开展情况

（一）境内资金"走出去"投资客户

1. QDII。

（1）QDII额度获批与机构分布情况。近一年多来，受人民币汇

率大幅波动以及全球市场各类"黑天鹅"事件频出等不稳定因素影响，根据国家外汇管理局最新的数据显示，2016年全年未有公司获得新的QDII额度，获批QDII额度的机构仍然是132家，共计899.93亿美元，与2015年末持平。

（2）国内托管银行QDII托管业务开展情况。截至2016年末，共有15家国内托管银行开展了QDII托管业务。其中，中国工商银行、中国农业银行、中国银行、中国建设银行、交通银行五大国有银行占据市场份额的70%；股份制银行中，广发银行、招商银行和上海浦东发展银行三家托管银行合计占据了市场份额的20%以上。

鉴于QDII已有额度已经基本用尽且无新增，同时外汇汇出政策也基本维持全面从严从紧的态势，境内资金汇出较为困难。截至2016年末，中资银行QDII托管规模共计4 674.17亿元人民币，较上年年末增长24.95%，比较2015年迅猛的规模增长，增幅处于回落状态。

2."走出去"创新类产品。

中国经济继续面临增速下滑的压力，调结构、稳增长成为近期经济增长的主旋律。境内股市、债市表现萎靡不振，各种投资回报普遍下滑，投资者对于投资海外市场的需求进一步增强，海外资产配置仍然是目前乃至未来几年内多数投资者努力的方向。继前期QDLP、QDIE、RQDII等创新产品以其灵活的资产配置方案、快捷的资格审批流程和更为广泛的投资范围吸引境内高净值投资者的关注之后，2016年港股通和香港互认基金成为了境内投资者进行境外投资的新焦点，对托管银行也提出了新的要求和挑战。

（二）境外资金"引进来"投资客户

1. QFII。

（1）QFII额度获批及机构分布情况。2016年，QFII批准相对来说较为宽松，根据中国证监会和国家外汇管理局的数据，全年共新增11家境外机构获得QFII资格，QFII机构数量达到305家；新增24家境外机构获得QFII额度，QFII机构共计获得投资额度873.09亿美元。获批QFII资格的机构覆盖了美国、英国、法国、日本、韩国、中国香港、中国台湾、中国澳门、加拿大、新加坡等30多个国家和地区。

（2）国内托管银行QFII托管业务开展情况。2016年末，共有7家国内托管银行开展了QFII托管业务，托管规模共计2 681.22亿元，较上年基本持平。QFII托管业务涉及的系统较为独立，业务开展成本较高，因此该类业务依然集中在中国工商银行、中国农业银行、中国银行、中国建设银行、交通银行这五大国有银行。

2. RQFII。

（1）RQFII额度获批及机构分布情况。根据中国证监会和国家外汇管理局的数据，2016年共新增32家境外机构获批RQFII资格，RQFII机构数量达到217家，涵盖了18个国家和地区；新增26家境外机构获得RQFII额度，RQFII机构共计获得投资额度5 284.75亿元人民币。RQFII机构和额度的继续开放，意味着我国有信心稳定人民币汇率，我国政府正坚定不移地推进人民币国际化的进程。

（2）国内托管银行RQFII托管业务开展情况。截至2016年末，开展QFII托管业务的7家国内托管行中，有6家开展了RQFII托管业务，托管规模602.37亿元人民币，较上年度减少36.18%。

3. 境外机构投资银行间债券市场。

2016年2月，人民银行发布第3号公告，允许境外依法注册成立的各类金融机构及其发行的投资产品，以及养老基金等中长期机构投资者，通过备案的方式投资银行间债券市场，自主决定其投资规模。外汇局配合中国人民银行进一步开放境内银行间债券市场，于2016年5月发布《关于境外机构投资者投资银行间债券市场有关外汇管理问题的通知》，对境外机构投资银行间债券市场实行外汇登记管理，不设行政许可和单家机构限额或总限额。境外机构投资者资金汇出入无须核准，投资银行间债券市场不设锁定期、汇出比例和额度限制，便利了境外机构投资者投资银行间债券市场。伴随着中国债券市场的开放以及人民币加入SDR的政策效应持续发酵，截至2016年末，共有407家境外机构获准投资中国银行间债券市场，境外机构持有境内银行间市场债券余额达到7 788.49亿元人民币。此项业务的开展，推动了银行间债券市场对外开放，境外投资者进入债券市场更加便利，再一次推进了全球托管业务的全面发展。

二、外资托管银行在我国开展托管业务的优势及其借鉴意义

我国金融业对外开放的脚步不断加快，银行业对外开放是我国改革开放基本国策的有机组成部分，是中国经济日益融入世界经济的客观要求和推进中国银行业改革和提高整体竞争力的重要力量。中国巨大的经济增长潜力与目前未得到充分满足的金融服务外在需求相结合，对外资银行极具吸引力。外资银行进入中国开展托管业务，对中资银行来说既是机遇也是挑战。

（一）外资银行在国内开展资产托管业务的优势

根据中国银监会发布的统计数据，截至2016年12月末，外资银行已在华设立了39家法人机构（下设分行315家）、121家母行直属分行和166家代表处，机构数量持续增加，营业性机构总数达到1 031个，分布在70个城市。与大多数国内托管银行国际化进程尚处于起步阶段相比，外资托管银行拥有非常丰富的跨国金融业务经验，在境内外联动、管理考核机制、产品设计等方面特色鲜明，具备很多国内托管银行所不具备的业务优势。

一是收入结构多元化。目前国内托管银行收取托管费方式单一，而国际托管银行则大为不同，收费种类包括托管费、服务费、交易费、其他费用等。收费方式的不同，反映出国际托管银行服务内容的多样性，不仅包括传统的财产保管、清算与会计核算估值，更多的是以增值服务为主的托管服务，例如：外汇交易、证券借

贷、交易管理、现金管理、数据管理、绩效分析、抵押品管理、中后台外包、收入归集与退税等。

二是托管系统成熟度高。外资托管银行历来十分重视托管系统的开发与升级，对系统进行了大量的投入，从系统层面保证了业务的快捷合规以及良好的客户体验，外资托管银行基本均已开通网络托管服务平台，通过专门网站进行内部电子指令处理以及对外提供查询服务。外资托管银行利用强大的技术系统为客户提供更为个性化、主动式的服务，进一步降低运营成本，提高运营效率，同时还通过大数据挖掘，为客户提供更多增值服务。

三是资管托管协同发展。外资托管银行通过资产管理与托管业务的协同发展，打造业务覆盖资产管理全链条的资本市场综合服务商。例如，纽约梅隆银行和道富银行，其资产管理规模和全球资产托管规模均排名前列。

四是行业集中度高。外资托管行业集中度不断上升，全球托管机构纷纷通过合并或者并购等方式扩大自身的市场份额以及业务规模，托管机构数量呈下降趋势，而国内资产托管银行数量还处于扩张阶段。

（二）对国内托管银行的借鉴意义

对于国内托管银行，外资银行在资产托管业务方面的发展特点主要有以下借鉴意义：

一是创新服务内容，实现内涵式增长才能不断增强国内托管银行的竞争力。国内托管银行应当更加注重为投资管理机构提供具有高附加值的托管服务。在托管行业未来发展中，该类服务具有广阔的发展空间，并将成为托管收入的主要增长点。

二是托管行业属于典型的技术密集型行业，各种先进技术的投入及应用，将会成为打造托管银行竞争力的重要因素。国内托管银行应不断加大技术投入，以科技为支撑，打造智能服务平台，使先进的技术系统成为托管业务发展的核心竞争力。

三是充分挖掘资产托管银行内部资源优势，建立以客户为中心的业务板块协同或整合，提高综合服务能力，为银行不同业务的共同发展创造空间。

托管业务全球化进一步丰富了国内金融机构的业务种类，加快了中国融入全球金融市场的步伐。通过与外资银行的竞争与合作，国内托管银行可以不断增强市场竞争能力，从而顺应全球银行业发展的趋势，推动资产托管行业迈向新的发展阶段。

三、我国托管银行推进托管业务全球化的对策

无论是从综合化经营角度，还是从风险管理的需要出发，托管业务的全球化都能为银行业务的全球拓展发挥事半功倍的效果。目前，我国托管业务的全球化格局已初步形成，跨境托管业务的开展也在持续稳步推进。下一阶段国内托管银行应充分发挥本土化业务优势，借鉴国外托管银行的先进经验，重点从以下三个方面来推进托管业务全球化布局。

（一）加速境外托管机构建设

对于QFII和RQFII产品，由于投资管理人位于境外，需要商业银行整合境内外的营销资源，发挥境外机构营销积极性。开展QDII业务，同样需要银行的境外机构在跨境业务上与境内机构密切配合，通过担任境外市场的本地托管行，形成完整的服务链条，提高银行对客户全球投资和资产配置需求的响应能力。因此，面对全球资产管理市场的发展，国内资产托管银行亟须加快境外托管网络建设，打造全球范围内的托管营销及运营体系，推动全球托管业务的跨越式发展。

（二）加快托管产品创新步伐

创新是商业银行开展全球托管业务的重中之重。2016年资本市场系列新政推动了证券、基金、保险等金融机构在跨境资产管理领域的创新发展。同时，随着我国投资市场与国际市场的相互连通

（如沪港通、深港通、内地香港基金互认，以及未来的沪伦通），也将产生多种跨境投资产品需求。国内资产托管银行应紧密跟踪资管市场变化，积极与相关金融机构形成业务联动，开发跨境、跨市场、涵盖不同资产类别、多元化投资的资产管理产品和托管服务，同时加快与全球化资产管理机构共同搭建跨境投资服务支撑体系的步伐。

（三）加强海外市场监管法规制度研究

在全球托管业务发展过程中，我国资产托管银行也将面对各国金融监管机构不尽相同的监督管理。我国资产托管银行应该加强对海外监管法规的研究和理解，在遵守相关国家监管规则的基础上，推动全球托管业务的健康合规发展。依托健全的法律框架和监管体制，灵活地整合产品资源、搭建国际综合服务平台，实现以客户为中心、以利润为目标的经营理念。

第六章 托管银行业务特点

第一节 中国工商银行

2016年,中国工商银行把握国内资管行业蓬勃发展和养老金体制改革带来的机遇,加强重点客户营销与市场拓展,全面提升服务能力,着力优化内部经营管理,持续加强风险防控,托管规模实现稳步增长,市场领先地位不断巩固。

一、托管规模稳步增长,不断巩固领先地位

2016年末,中国工商银行托管资产总规模达到14万亿元,在2015年规模翻番的基础上再创历史新高,领先第二名近4万亿元,连续18年保持国内第一大托管银行领先地位。通过紧抓市场热点,强化营销力度,主要托管产品继续领跑同业,其中,证券投资基金托管规模1.7万亿元、保险资产托管规模3.6万亿元、银行理财托管规模3.2万亿元、基金专户托管规模1.8万亿元、企业年金基金托管规模4 781亿元。

二、客户拓展实现突破,品牌影响力持续提升

2016年,中国工商银行深入拓展国内国际托管市场,客户营销取得重大突破。在国内市场上,中国工商银行抓住基本养老保险体制改革机遇,从27家具有公募基金托管资格的银行中脱颖而出,成为仅有的4家托管银行之一,为托管业务开辟了新的增长点;在国际市场上,中国工商银行以综合评分第一的优异成绩获得KSD韩国预托决济院(韩国唯一的中央证券登记结算机构)中国市场次托管人委任,成为该机构在中国唯一一家中资次托管银行。凭借全面、高效的托管服务,2016年,中国工商银行荣获《亚洲银行家》"年度最

佳托管银行"大奖，作为覆盖亚太地区200多家金融机构的专业性评比，该奖项设立以来第一次由中国的银行获得。截至2016年末，中国工商银行已累计获得国内外最佳托管行奖项达53项，品牌影响力持续提升。

三、有序推进重点产品营销，加快发展新兴业务

2016年，中国工商银行一方面加强公募基金、养老金、保险、银行理财等市场重点产品的托管业务营销，托管国内首只ETF基金——"汇添富中证上海ETF基金"、国内首只沪港通保险产品——"华泰资产—国寿富兰克林港股通精选1号资产管理产品"，加强境外机构赴银行间市场直接投资托管业务营销，成为柬埔寨央行参与银行间市场投资的托管银行；另一方面加强产品与服务创新，成立资产托管业务创新研究委员会，促进托管增值服务发展，搭建托管信息服务平台，积极拓展私募投资基金服务内容和市场空间，除基本的外包服务外，推出产品结构设计、募集结算资金监督、信息披露以及协助私募管理人登记、私募投资基金备案等服务。

四、开发第六代托管系统，持续强化风险管理

2016年，中国工商银行持续完善、升级托管系统，启动第六代托管业务核心系统的设计和开发工作，该系统采用主流的分布式计算技术重构系统架构，有效解决托管规模和交易量快速增长导致的效率提升瓶颈。同时健全风险管理体系，加强风险管理的主动性和有效性，一是持续进行制度梳理工作，更新托管业务规章制度。二是通过托管业务风险管理委员会机制，持续加强创新产品和高风险客户的准入管理。三是印发托管业务相关领域风险案例，警惕外部交叉性、输入性风险的形态变化和传染路径变化，保持风控工作有效性，并组织分行开展自查。四是继续停办与P2P公司的托管合作，重点防范私募基金、互联网金融、安心账户等领域风险，并对私募基金、安心账户等托管业务开展全面清理排查，确保托管业务零风险。

第二节 中国农业银行

2016年,中国农业银行秉承"改革、创新、共享"的发展理念,全面深化经营体制改革,以供给侧结构性改革为主攻方向,推进业务转型升级,实现了托管业务快速发展。

一、加快推动托管业务直营体制改革,激发托管业务内生动力

2016年,中国农业银行加快托管业务转型升级步伐,大力推进直接经营体制改革,破除制约业务加快发展的体制机制性障碍,着力增强托管业务的经营活力和创新能力。一是采取集中营运模式,大幅提升核心营运能力。通过建立总行级营运中心,上收分行营运业务,加快推进托管业务集约化发展,为客户提供更高标准、更加规范的一站式营运服务。二是优化总分行联动机制,深化总分行资源渠道协同作用。进一步突出"以客户为中心"的导向,以总行直接经营带动分行业务发展,以条线业务管理提升分行本地化经营能力,通过解决战略资源匹配、收益分成等问题,实现全行办托管,凸显托管业务的全行战略地位。三是创新人员激励机制,为业务发展注入强劲动力。探索市场化激励思路,经营绩效与薪酬挂钩,托管业务经营目标与团队和个人的价值贡献相挂钩,鼓励团队和个人多作贡献、多创效益、激发团队内生动力。

二、创新驱动转型升级,全面实现供给升级

目前国内托管机构的服务内容主要限于资金清算、会计核算和资产估值,逐渐出现服务内容同质化、市场竞争白热化,托管费率快速下滑的特点。为在当前的无序竞争中脱颖而出,中国农业银行以产品服务创新为驱动,从托管供给端做文章,主动推进托管业务的转型升级。一是深耕产品创新,重点布局了风险平衡策略、基金中基金、商品期货、中长期债券指数等稀缺的行业创新基金,推出

了不良贷款处置专项资产管理计划、投资期权基金专户等一批行业创新产品。二是践行科技为先，创新为先的研发理念，大力推进托管技术系统的升级改造工作，为托管业务的供给侧升级提供软硬件保障。2016年，中国农业银行"托管综合业务平台、托管业务客户端"（ACP）项目顺利升级上线，托管系统建设取得跨越式发展。该平台覆盖所有划款模式，满足更复杂的业务需求，并通过引入工作流和异常处理机制，在资金汇划效率提高83%的同时，保障了指令划款的安全与稳定，深受客户好评。此外，中国农业银行第一时间上线深港通托管业务系统，继沪港通之后，再次成为业内首批获得托管和结算资格的商业银行，并落地托管了业内第一只投资深港通的QDII产品。三是在巩固传统业务结构的同时，积极开展前瞻性课题研究。探索开展风险评估、基金行政外包、金融数据分析、日间透支、担保品管理、现金管理等附加值更高的综合性增值服务，助力托管业务的转型升级。

三、把握托管业务发展趋势，行业影响力持续提升

2016年，中国农业银行的一系列改革举措始终把握托管业务与资产管理行业深度融合的趋势，紧密跟踪客户需求与监管政策，业务发展取得新突破，托管大行强行的行业地位进一步得到巩固和提升。

一是业务规模快速增长，收入稳步增加。截至2016年末，中国农业银行托管资产规模达9万亿元，较年初增加1.9万亿元，增长26%，多元化托管收入平稳快速增长，银行理财、保险资产托管等类别托管规模继续保持行业领先。托管账户合计14 908个，比2015年末增加3 974个；制作和执行资金清算指令55.75万笔，同比增长31.58%；完成交易所和银行间交易确认9.6万笔，同比增长58.9%。

二是核心竞争力和服务水平实现新提升，受到市场广泛好评。2016年，中国农业银行成功营销了国际大型主权基金、国家中小企业发展基金、中国政企合作投资基金、中央企业贫困地区产业基金

等重大托管项目,并在国家电网、新华人寿、泰康人寿等重点客户组织的托管服务年度评价排名中均居同业首位。中国农业银行连续三年获得中国债券市场"优秀托管机构奖"和上海清算所"优秀托管银行奖",被中国银行业协会授予"养老金业务最佳发展奖"。

第三节 中国银行

2016年,中国银行把握资产管理行业创新和人民币国际化进程加快带来的业务机遇,抢抓资本市场阶段性机遇,巩固和深化与基金公司、证券公司、保险公司、社保机构等重点客户的合作,持续推动托管业务的产品创新、服务创新和系统创新,全面拓展公开募集证券投资基金、保险公司资产管理计划、养老金等重点托管产品。托管业务实现较快增长,客户营销成效显著,全球一体化布局初步形成。

一、托管规模持续增长,托管业务进一步发展

截至2016年末,集团托管规模达到8.3万亿元,较上年末增长1.42万亿元,增长21%;其中境内托管资产规模6.9万亿元,较上年末增长21.5%;境外托管资产规模1.4万亿元,较上年末增长16.7%。客户营销取得重大突破,市场地位进一步巩固。

2016年,中国银行密切关注资本市场动态,主动适应市场发展要求,准确研判机遇,市场营销和产品成果显著。

养老金托管业务持续行业领先。成功中标基本养老保险基金托管银行四家托管银行之一,成为同时拥有全国社保、企业年金、基本养老保险三类养老金托管资质的银行;养老金托管规模首次突破5 000亿元。重大保险客户营销落地,规模实现倍增。成功中标国寿集团保险资金托管,新增托管规模达1 800亿元;完成平安集团3 800亿元托管资产移交工作。创新保险代理与托管联动营销模式,以托管费收入激励分行提升银保代理份额,促进保险托管客户及规模增

长,2016年,新增保险托管客户近10家,同比实现倍增。

巩固优势业务地位,特定业务取得突破。2016年,全市场新发信贷资产证券化规模3 462亿元,中国银行累计托管554亿元,市场份额16%,位列第一。积极服务国际化战略,完善跨境产品体系。

在业内首家投产"深港通"系统功能。支持管理人首批投资港股通业务。目前,已成功为嘉实基金、前海开源基金等首批7个投资组合参与深市港股通交易提供了托管服务。

二、托管系统建设全方位推进,服务能力大幅提升

中国银行以"境内客户境外投资的首选托管银行,境内外客户境内投资的主办托管银行"为发展目标,重视全球托管服务网络的建设:一方面,加快海外托管中心的建设,致力提升卢森堡、新加坡托管中心及其他海外机构的托管服务能力,持续完善集团内部的全球托管服务网络,提升集团整体的全球托管服务水平;另一方面,积极探索与境外主流托管银行的业务合作,与美国布朗兄弟哈里曼、德意志、花旗、道富等多家境外托管银行建立了托管业务合作,扩大了中国银行全球托管服务网络。目前,中国银行托管网络可覆盖全球逾100个投资市场,服务跨境投资客户逾30家,客户类型涵盖基金、证券、银行、保险、信托等各类境内合格机构投资者。

未来,中国银行将积极响应客户全球资产配置的托管服务需要,进一步加大全球托管服务网络的建设力度,充分发挥中国银行国际化的业务优势,不断提升中国银行的全球托管服务的能力和水平。

三、全球一体化布局初步形成,条线管理进一步加强

托管业务全球布局初步形成。2016年,中国银行通过制定下发多个管理文件明确了托管业务战略定位、发展目标,全球布局及经营机制调整内容,为加快集团托管业务发展奠定了良好的基础;"总行+托管业务中心+托管业务分行"的托管服务体系初步搭建完

成。目前，境内上海、北京、深圳、广东、江苏5家境内托管业务中心已全部成立；其余8家境内分行成立了从事托管业务的团队，其他分行配置了托管业务专岗，境内分行托管从业人员合计351人；境外成立了卢森堡、新加坡两家托管业务中心，纽约中心由于监管因素尚在积极筹备中。

开展托管业务"一行一策"辅导。结合各分行所在地区积极发展情况和业务开展情况，完成托管业务"一行一策"辅导方案，深入剖析各行所处的经济、金融和产业结构等区位特点，研究制定适合其推广的托管产品类型、目标客户名单和覆盖机构范围等，提出业务发展计划；完成托管业务案例制订和编发工作，选取各行在业务营销、运营、风险管控等方面的典型案例，逐一阐明营销切入点、难点及解决破解口、风险控制要点等内容，为分行提供场景式业务指导，提升客户经理的托管专业营销能力。

四、强化风险管控，保障业务平稳运营

2016年，中国银行托管业务平稳运行，全年未发生重大风险事件。通过组织开展内控检查、操作风险评估及双遏制等内控检查工作，强化风险管控，为业务高效平稳运营提供有力保障，托管业务内控与操作风险管理体系逐步完善。

2016年，中国银行获得了外部会计师事务所出具的基于ISAE3402和SSAE16双准则的无保留意见的服务机构控制审阅报告，这是中国银行托管业务内控水平连续第十年获得外部独立机构的认可。

此外，2016年，中国银行注重加强对托管业务潜在的声誉风险和法律合规风险的管控，积极完善相应的规章制度和工作流程，以适应业务发展的新变化和内外部的新要求。

第四节　中国建设银行

2016年,面对复杂多变的金融形势与市场环境,中国建设银行积极应对外部挑战,不断夯实核心能力,加强市场营销拓展,全面提升托管服务能力,全方位加强风险防控,业务保持较快增长,市场地位进一步巩固。

一、托管规模跨越式增长,品牌影响力不断提升

2016年,中国建设银行资产托管规模继续保持快速增长。继2015年连续越过5万亿元、6万亿元、7万亿元台阶后,2016年继续跨越8万亿元、9万亿元台阶,年末达到9.25万亿元,较年初新增2.08万亿元,增速29.05%。全年托管费收入突破40亿元,达到41.76亿元,同比增长7.31亿元,收入增速21.21%。中国建设银行通过抢抓市场,强化营销,主要托管产品实现快速增长。其中,保险托管规模突破2.5万亿元,银行理财产品托管规模突破2.1万亿元,信托财产保管规模突破9 000亿元。

中国建设银行托管服务专业能力持续获得市场认可。2016年获《环球金融(Global Finance)》中国市场唯一一家"最佳托管银行",获上海清算所2016年度优秀托管银行奖,连续四年荣获"中国债券市场优秀托管机构"奖,连续11年获得《全球托管人》《财资》《环球金融(Global Finance)》各项托管专业荣誉。

二、加强业务连续性管理与应急机制建设,业务运营安全稳定

中国建设银行始终高度重视业务连续性管理和应急机制建设工作,定期组织系统连续性测试和应急演练,建立总分行多地运营联动机制。2016年,台风"妮妲"导致南方重点分行停业。中国建设银行迅速启动应急机制,由总行本部和上海备份中心承接广州、深圳两地托管运营工作,顺利完成日常操作和客户服务,未发生任何

事故和客户投诉。此次突发事件中，对业务连续性管理的重视以及应急灾备演练的实践积累，在关键时刻发挥了重要作用，托管业务经受住考验，确保客户资产安全。

三、托管系统升级，技术能力实现大幅飞跃

2016年，中国建设银行新一代托管应用系统建设稳步推进，实现托管运营全部服务在新一代托管应用系统中的功能部署。全年完成十次优化升级，在与银行间市场清算所股份有限公司数据直连、境内外托管资产估值核算、外包TA和TA清算、投资监督、风险绩效等方面进行了进一步完善。中国建设银行新一代托管系统还提供双语言网银功能，为更好地服务境外客户提供了极大方便。中国建设银行新一代托管系统的全面上线，实现了托管清算、核算、监督、绩效、外包、网银、分行运营等业务全线部署，客户体验进一步优化，托管技术能力实现大幅提升。

四、注重人才培养，创新开展培训工作

专业人才是托管业务核心能力的关键。中国建设银行近年来加大人才培养力度，着力推进专业队伍素质提升，开展多层次的业务培训工作。2016年，中国建设银行开展条线业务培训，参训人员超过1 500人。举办海外机构跨境托管业务培训，对26个海外机构进行视频培训，提高海外机构对跨境托管业务的认知和业务技能。积极开展跨部门合作培训，主动邀请外部专家来行培训，先后邀请摩根大通、BBH、彭博资讯、安永华明会计师事务所等国际知名专业机构专家就区块链、增值服务等方面分享国际先进经验。踊跃参加证监会、外汇局、全国社保基金理事会、中国证券投资基金业协会、建信养老、道富银行等单位组织的专项业务培训与研讨，紧跟监管趋势与市场步伐，保持高度的市场敏感性。

五、强化风险内控，规范业务发展

中国建设银行坚持"尽责、规范、稳健、审慎"的内控原则，以"逐步建立起良好的风控文化，并使之成为中国建设银行托管品牌形象的重要组成部分"为风控目标。2016年，中国建设银行启动内部控制标准化建设工作，根据分行经营能力，实施对分行差别化授权，持续实施反洗钱评估、不相容岗位管理、轻微违规行为积分管理等内控工作，并组织开展多项分行托管业务风险自查工作，以及分行重点托管业务实物凭证检查等工作。中国建设银行聘请国际知名会计师事务所按照ISAE3402标准进行内部控制审计，已经连续九年获无保留意见审计报告。

第五节 交通银行

2016年，交通银行紧紧围绕全行深化改革、转型发展、从严治党的大局，深入贯彻"稳健经营、转型发展、注重质效、严控风险"的经营理念，保持了托管业务的持续稳健发展态势。截至2016年末，交通银行资产托管规模达到7.01万亿元，实现托管业务收入29.61亿元，并荣获中国银行业协会"2016年度养老金业务行业贡献奖"、中央国债登记结算有限责任公司中国债券市场"优秀托管机构奖"，连续11年获得国际会计师事务所出具的"无保留意见"内部控制审计报告。

一、加大市场营销力度，开辟新的着力点

面对市场竞争日趋激烈的外部形势，交通银行加大市场营销拓展力度，强化总行和分行、存量和增量、境内和境外等多层面、多维度业务联动，取得良好成效。一是加大政策、市场、同业调研和监管部门拜访，研判新形势，保持业务方向和市场业态趋同。二是围绕客户需求，协调推进交叉销售，通过集团资源合力助推托管业

务发展。三是扩展托管服务内涵，搭建客户合作交流平台，通过推动托管业务前端合作，创造托管业务机遇，实现营销突破。

二、持续打造特色品牌，保持养老金市场的领先地位

2016年，交通银行牢牢把握国家养老金市场的政策机遇，加强养老金市场的营销拓展，持续打造和巩固养老金业务的特色品牌。截至年末，养老金托管规模达7 607.87亿元，保持市场前列。一是巩固与国家战略养老金客户的良好合作关系，做好客户服务和维护。二是全力开拓全国基本养老保险基金市场，成功中标全国基本养老保险基金托管银行。三是抓好职业年金营销准备，为今年职业年金托管资格竞标做好备战。四是全力维护企业年金存量客户，积极拓展增量客户。

三、主动抢抓市场机遇，全力提升营销成效

一是在公募基金托管方面，加强与个金条线联动，做大托管公募基金销售规模。二是资管产品托管方面，加强信托计划、基金/券商/保险资管产品的市场调研、同业分析，结合业务实际开展营销部署，成效良好。三是在私募基金托管方面，严格准入标准，引导分行营销拓展大型股权基金、政府性产业基金。四是在国际托管业务方面，认真研判外汇监管政策变化，对"走出去"和"引进来"客户实施差异化托管服务方案和营销策略；香港托管中心充分发挥境外平台优势，积极支持海外分行托管业务营销，取得了显著的市场成效。

四、强化风险管理意识，持续巩固风险管理成果

风险管理是托管业务发展的生命线，2016年以来，交通银行托管条线围绕全行风险管理总体要求，结合市场及托管业务风险管理的特点，持续推进全流程、全链条风险管理，修订和完善各类规章制度，系统性开展针对重点分行、重点产品、重点业务环节的风险

排查和整改监督，实现了托管业务的安全运作。

第六节　中信银行

2016年是中信银行新战略实施的关键年度，中信银行创造性地提出"商行+投行+托管"业务发展模式，加强科学管理和精细化管理，提高执行力，做到"有形式，有内容，有效果"。2016年，中信银行托管规模余额6.57万亿元，同比增长35.31%；全年实现轻资本业务收入27.18亿元，同比增幅22%；公募基金托管规模突破1.09万亿元，稳居股份制银行首位；年金托管在股份制银行排名第二，并荣获中国银行业协会"2016年度养老金业务行业贡献奖"；是信托业保障基金唯一股份制托管行。

一、推行"重点地区重点突破、重点项目重点突破"工作方法，做大做强资产托管业务

中信银行在实践中一方面抓典型行，另一方面直接抓客户，收到较好效果，起到了"典型引路"的作用，不断实现"两个突破"——"重点地区重点突破、重点项目重点突破"：公募基金托管规模连续四年稳居股份制银行首位，产品数量达到119只，今年新上线52只；大力推进职业年金，重点营销提前布局；中标北京市政府投资引导基金（总规模1 000亿元）等项目、中标内蒙古电力集团3万人企业年金账管业务；创新地方商行"托管+投顾"业务模式，合作的地方商行已超过70家，实现了近3 500亿元托管规模；保险托管再获重大进展，成功实现中银三星人寿保险资金转托管，顺利落地恒大人寿万能险托管项目；跨境托管多元发展，继成为首家托管QFII项目的股份制银行、首批沪港通项目托管行之后，又率先实现RQDII产品的托管上线，抢先落地我国首单信托系人民币国际投贷基金托管项目，成为云南省第一家办理人民币国际投贷基金业务的银行，保持股份制银行中跨境托管业务的领先优势；推进保险代理业

务，成为新的中收增长点。

二、举办"中信银行首届托管讲标大赛"，开创业内先例

2016年5月，中信银行举办全行乃至业内首次高水准、高规格、高参与度的专业竞技——"中信银行首届托管讲标大赛"，创新性地将寓教于学的专业技能培训与实战演练相结合，把传统课桌式、讲授式的培训变成参与式、竞赛式的培训，通过比赛，锻炼了队伍、发现了人才、交流了经验、启发了灵感、鼓舞了士气，大赛提振了中信银行托管条线士气，获得行领导首肯，而且得到与会中国银行业协会托管业务专业委员会领导的高度评价。

三、加快后台营运转型，打造核心竞争力

一是强化集中管理，向完善三级营运体系转型。中信银行总行集中管理高风险、估值类产品营运，并加强对营运分部的监督、指导，同时进行首次安排十家分行试点跨分行营运，通过建立并完善"总行—分部—分行"三级营运体系，提高全行营运承载力。

二是优化系统布局，向统一管理、纳入全行信息体系转型。顺利启动并逐步实施托管业务系统移交项目，使托管业务系统纳入全行信息系统管理体系，为下一步系统建设奠定坚实基础。同时启动新一代托管系统规划选型工作，布局客户服务平台。

三是引入外包机制，向"核心营运+操作外包"转型。中信银行引入外包机制，将可操作性环节压力释放，使总行营运从依靠人力投入的"自主营运"向"核心营运+操作外包"模式转型。通过实施营运流程再造，提升托管营运效率，加强流程风险管控。

四是实施专业化分组，向提升服务能力转型。中信银行实施营运专业化分组，在按业务流程分组基础上，增加"需求管理、分行管理、营销支持"专业小组，激发团队积极性，对基金、年金、保险等重点产品的营运承载力和产品研发能力以及对前台和分行的服务支持能力得到提升。

四、贯彻风险理念，逐步建立风险管理体系

2016年是中信银行风险文化建设启动年，按照"坚守底线、强化责任、重在执行、主动管理、创造价值"的核心理念，中信银行首次建立"新兴托管业务项目评审会"机制，对风险较高的业务品种（如PE类、大宗类）集体决策，除提高审批效率外，有效地防范声誉风险发生。此外，中信银行梳理了2016年托管业务操作风险共57个风险点；精细化梳理业务流程图66个；梳理产品手册、操作手册及现行制度汇编等85项；并在全行范围开展托管业务自查工作，开展风险事件反思讨论会，加强风险警示教育。

第七节　中国光大银行

2016年，中国光大银行托管业务着力于市场营销、产品创新、系统升级和风险控制方面，取得较好效果。全行在安全运营的同时，托管规模再创新高。2016年7月中国光大银行托管业务获得《21世纪经济报道》主办的第九届中国资产管理年会评选的"2016最佳托管银行奖"。2016年12月获得金融界网站"领航中国"评选的"杰出托管银行奖"。

一、稳中求进，实现资产托管业务持续增长

2016年，中国光大银行实现托管资产规模4.43万亿元，比上年增加1.06万亿元，增幅31%。实现托管收入15.12亿元。托管规模排列前三位的分别是银行理财托管、信托资产保管和其他资产托管。其中银行理财托管规模11 407亿元，占总规模的25.7%。托管业务收入排列前三位的分别是信托资产保管、银行理财托管和证券公司客户资产管理托管。其中信托资产保管收入4.16亿元，占总收入的27.5%。

与此同时，中国光大银行的公募基金和委外业务托管大幅度增长，创新业务成效显著，业务能力得到认可，品牌效果进一步体现。

二、强化营销，提高资产托管资源整合效率

2016年，中国光大银行通过集中营销，借力营销，联动营销和重点营销等方式建立起集中营销队伍，增加营销力量。在纯托管业务丰富地区，创新机制，形成合力，加强区域托管业务核心竞争力，提高市场份额。在托管业务发展地区全面梳理区域客户资源，在分析合作情况及发展潜力的基础上，制定重点客户清单，争取建立长效合作机制。

中国光大银行将托管业务和同业业务、零售业务、资管业务、公司业务等密切相关，通过相关部门配资、资源互换、代理销售等，能够较快扩大中国光大银行托管规模，提高综合收益。同时借助集团联动契机，探索建立托管联动营销机制，争取集团内的金融资源能够全部或大部分在中国光大银行托管，提高托管规模和收入。

三、大胆创新，开启资产托管服务新模式

作为首家实现全流程自动化估值的托管银行，中国光大银行以"智能托管、创新服务"为理念，不断锐意进取、积极探索，依托科技创新求变。"驾驶舱易智托管"管理平台采用最新微内核和分布式技术，遵循准确性、时效性、易用性、全面性原则，整合了账户、清算、核算、估值、交易监控等系统，搭建了覆盖全业务流程和风险点的运营监控平台。"驾驶舱"不仅实现了通过可视化界面进行风险集中展示，而且支持"钻取式查询"，便于业务人员快速定位，及时进行分析处理。同时，也让管理者及时获取全员、全资产、全流程的实时运营情况，形成流程监控的全方位视角，提高运营管理效率。光大托管"驾驶舱"的成功研发，开创了托管行业智能管理先河。

中国光大银行"驾驶舱易智托管"管理平台通过备案账户信息平台管理、核心图前系统的嵌入及管理人账务信息的主动推送，实现托管账户开销户手续、非证券类托管划款及管理人凭证处理的流

程优化，最大限度减轻投资管理人后台运营处理压力，改进客户体验，提升跨区域合作空间和服务效率。通过数据整合与系统直连互通。"驾驶舱易智托管"管理平台实现了对跨期平层资管产品每日收益与风险金的精准测算及沪深交易所实时全额逐笔交收业务的智能化勾单交收，大大提高托管业务处理效率；同时，系统组件化的底层设计能快速满足各类创新产品的个性化需求。

四、严控风险，确保资产托管业务平稳运行

2016年，中国光大银行着重加强制度建设，做好业务检查和培训工作，规范业务发展。深挖风险隐患，优化业务流程。同时，通过年度制度汇编、托管业务全面检查、托管讲堂、托管操作培训等措施，全方位提高托管业务风险管控能力，确保规范发展。

加强日常操作风险管理，确保托管运营安全平稳，为托管业务发展提供强有力的后台支持。首先是继续强化托管分中心业务管理，提高核算、清算、交易监督等日常业务监督管理水平，推行业务风险点学习记录机制，切实防范操作风险；其次是加强对新产品、新业务、新规则的支持力度，加强业务学习和课题研究，提高系统和流程建设的前瞻性，保证新产品、新业务及时上线，平稳运行。

第八节　华夏银行

2016年，华夏银行资产托管业务以产品创新与推广为主线，加强总行自主营销，推动分行产品推广，深化条线业务联动，提高产品创新能力，提高项目审批质效，提高运营服务水平，全行资产托管规模达到21 732.58亿元，同比增加8 667.32亿元，增幅为66.34%；全年实现托管及代销类中间业务收入9.44亿元，资产托管业务迈上新台阶。

一、强化总行自主营销，行内条线业务联动和分行营销推动

打造产品创新与推广年，开展"5+4"重点产品营销组织推动。按照"贴着政府找项目"的营销策略，下发《关于做好政府引导基金托管业务营销推动工作的通知》，指导分行抓住机遇加大政府引导基金托管业务营销推动力度，多家分行成功中标当地政府引导基金，支持地方经济建设，带来稳定的资金沉淀和综合回报，提升了华夏银行在当地的影响力。同业投资、城镇化产业基金、银行理财产品托管纷纷实现突破，对扩大托管规模提升托管收入作出重要贡献。

强化对分行托管业务的营销推动指导。制定全年工作要点和营销指引，召开专业会议，启动"五个一批"托管项目储备工作，开展总行牵头营销、多层次业务培训和营销竞赛激励，编写《华夏银行资产托管业务产品手册（客户经理版）》，对分行资产托管业务提供营销指导。

强化总行自主营销与行内条线业务联动。积极选择与市场口碑良好、投资管理能力强的基金公司开展广泛合作，以保本基金、定向增发基金、大小集合资产管理计划作为突破口，加大新增公募基金和资产管理计划托管业务营销力度；以代销基金公司产品为合作切入点，通过双赢式的资源互换方式，加大机构定制公募基金产品托管营销力度；加强与总行计划财务部、公司业务部、个人业务部、金融市场部、资产管理部等部门的业务联动营销，有效整合行内资源进行置换，推动市场开拓和客户营销。

努力提升产品创新能力。重点开展普惠宝系列产品研发，会同总行相关业务部门及第三方机构，联合开展定期宝、智能定投等新产品研发，丰富产品线，提高自主营销能力，扩大中间业务收入来源；抓住互联网金融发展的有利时机，审慎择优探索网络借贷资金存管业务试点。

积极开展基金代销业务，推进"财富尊享"券商主动管理型产品研发，完成基金代销系统升级、软件开发测试和上线工作；根据资本市场形势变化和各类投资者需求，推动保本基金和定增类产品、强化收益定期开放债券型基金销售推广，满足本行各类客户的投资需求。

二、加强风险控制管理，保证托管业务安全发展

资产托管业务风险管理纳入全行全面风险管理，建立健全托管业务制度，强化专业检查和问题整改。根据华夏银行全面风险管理工作部署，将资产托管业务风险管理纳入全行全面风险管理架构体系，设立专门处室负责本条线风险合规内控管理相关工作。修订《华夏银行资产托管业务审批管理办法》《华夏银行资产托管项目评审小组工作规则》，优化审批流程，简化评审小组，规范总分行审批范围，提高评审效率；梳理形成《资产托管部操作风险重要风险点及防范措施》，规范资产托管和代销基金业务管理，完善业务流程，提升制度的可操作性；修订托管合同格式文本，满足业务需要。对部分分行托管业务运营情况开展案防和专业检查，落实内外部检查发现问题的整改和督改，防范控制业务风险。

三、提高托管运营水平和服务能力

成功上线行业领先的资产托管系统（ACS5.0），实现流程梳理自动化，业务处理规则、模板、报表、报告配置化、参数信息统一管理，有效提升运营效率。完成证券投资类托管产品估值核算数据迁移，估值核算工作已全部实现在资产托管系统中操作。制定《资产托管部资金清算业务操作要点》，实现托管业务系统与核心业务系统的直连，提升托管产品清算效率。专人办理账户开立工作，完成了期货保证金存款账户开立、深港通结算备付金账户开立及结算保证金划付、十类外币托管账户开立等工作。完成托管账户网银电子对账签约工作，提高托管账户对账效率。加强对分行的业务培训

和指导，统筹安排分行资产托管业务人员来总行跟岗学习培训，提高实际操作水平和服务水平。

第九节　中国民生银行

2016年，中国民生银行资产托管业务继续保持高速发展态势，截至2016年末，全行资产托管规模首次突破7万亿元历史大关，达到7.08万亿元，较年初新增2.7万亿元，增幅高达51%。同业排名居于股份制银行第三位，所有托管银行第六位，达到历史最好水平。

一、把握市场机遇，强化重点业务托管服务能力

2016年，中国民生银行面向基金、券商、商业银行等重点资产管理机构强化托管服务能力，对内整合资源，对外搭建托管合作平台，取得显著成效。在公募基金方面，中国民生银行通过推进"托管+代销"，全年成功上线65只公募基金托管产品，新上线产品规模达750亿元。在基金专户方面，抓住商业银行委外投资业务机遇，新增托管规模5 000亿元，增长率达50%。在券商理财方面，抓住监管政策机遇，新增规模超过8 000亿元，存量规模达到1.4万亿元，较年初增长135%。在银行理财方面，新增托管规模4 600亿元，较年初增长了45%，托管存量规模近1.5万亿元，尤其是在他行理财托管方面，存量规模达到4 000亿元，较年初新增近2 300亿元，年内增长率高达130%。

二、发挥先发优势，着力推进产品服务创新

中国民生银行从2014年就开始在互联网金融托管业务领域进行市场布局。2016年，中国民生银行牢牢把握互联网金融行业发展方向和客户诉求，加速自身服务体系的迭代升级速度，先后从网贷交易资金存管系统升级到互联网交易平台资金托管业务系统，并在此基础上再次升级到中国民生银行"E托管"系统，并将该系统广泛应

用于金融资产交易所及其他互联网平台,进一步夯实了中国民生银行资产托管业务在互联网金融领域的市场先发优势和品牌影响力。

三、聚焦客户需求,多维度提升运营管理效率

中后台运营效率是资产托管业务的核心竞争力。2016年,中国民生银行多管齐下,从三个维度挖掘运营潜力,提升运营效率。一是提升系统自动化水平。2016年,电子指令直连、ECOS客户端、非证券自动估值系统、上清所直连等功能陆续上线投入运营,大幅提高了效率和客户满意度。在此基础上,中国民生银行同步启动了系统换代工程,持续为业务发展提供科技保障。二是优化总分运营模式,对分行运营资格实施分类授权管理,挖掘分行运营能力。三是启动托管产品审核精益六西格玛全流程优化项目,提升流程效率。2016年全行运营产品的规模同比增长40%,汇划款笔数同比增长37%,在人员数量没有明显增加的情况下,通过系统自动化提升,提高了业务处理效率。

第十节 招商银行

2016年,中国经济增速持续放缓,国内证券市场低迷震荡,互联网金融与私募基金监管不断加强,金融"去杠杆""去通道"规范化进程加快,在轻型银行战略的引领下,招商银行瞄准重点客群,以托管系统与专业服务为抓手,强力营销,严格管理,资产托管业务快速增长,托管规模和收入位居国内托管行业前列,成功进军全国社保基金托管领域,加快海外托管布局,托管系统持续领跑行业,创新托管管理手段,加快托管专业人才培育,托管品牌影响力持续扩大。

一、托管业务强劲增长,托管规模跃居国内托管行业第二

2016年12月末,招商银行托管规模突破10万亿元大关,成为两

家托管规模超过10万亿元的托管银行之一,托管资产余额10.17万亿元,较年初增加3.01万亿元,较年初增长42.10%,托管规模跃居国内托管行业第二,较上年排名上升两位;全年实现托管费收入44.04亿元,同比增长23.48%,继续保持国内托管行业第三位。

顺应国内理财市场与投资者需求的变化,招商银行抓住各类托管市场的发展契机,在多个托管领域出击,持续保持其在基金客户资产管理、券商资管、银行理财、信托资金、股权投资等托管领域的行业前列地位。多元化的托管产品与业务结构,使得招商银行托管业务具有较强的抗市场波动能力。

二、成功进军全国社保托管,加快海外托管布局

2016年11月,招商银行成功中标全国社保基本养老保险基金托管资格,荣获全国社保基金理事会基本养老保险基金托管机构资格,成为四家基本养老保险基金托管行之一,实现了养老金托管业务里程碑式飞跃。

依托自身的国际化经营优势,招商银行积极构建全球托管银行服务网络,2016年12月,招商银行首个海外托管中心成立,成为招商银行海外托管业务区域业务中心,拉开了招商银行托管海外布局的序幕。

三、加快托管系统建设,进一步提高托管效率与专业服务品质

为夯实托管业务核心竞争力,招商银行一直全力打造自己的托管系统平台,持续领跑国内托管系统建设。继2014年发布了全功能网上托管银行1.0版之后,通过持续打磨和迭代开发,2016年,招商银行又发布了全功能网上托管银行2.0智能升级版,成为最先实现托管处理与客户服务的电子化、自动化、网络化、智能化的托管银行,极大地提升业务处理效率。

招商银行自主研发托管核心业务系统,在国内托管行业率先采

用了分布式开发技术，对托管系统架构进行颠覆式重构，实现了托管"一键估值"，极大地提高了托管人和管理人运作效率，切实提升了托管客户体验度。

凭借不断巩固的技术领先优势，招商银行不仅得以托管业内最少的人力配置，支撑行业规模第二的托管体量，而且为国内资管产品创新提供了强大的系统支持，托管效率与专业服务领先国内托管行业。

四、强化托管风险管理，加快人才队伍建设，托管品牌影响力不断提升

2016年，招商银行率先采用了查询查复方式与投资监督事前的系统控制方式，不断强化全行托管中台的风险控制，全面实施托管全流程管理，有效防范托管业务风险，切实履行托管人职责。

凭借多元化产品与优势专业服务，招商银行在托管产品营销、核算估值、清算交收、投资监督及增值服务等全方位确定了扎实高效、精益求精、创新增值的专业服务领先地位，得到了合作客户充分认可与专业机构高度评价。

2016年，招商银行荣获了《财资》"2016年度中国最佳本土托管银行"奖、《21世纪经济报道》的"2016最佳托管银行"以及《银行家》"十佳金融产品创新奖"等托管奖项，托管业务品牌对外影响力不断提升。

第十一节　兴业银行

2016年，兴业银行资产托管业务以客户为中心，保持创新意识，再造生产流程，优化经营管理模式，创立市场、产品、运营三中心"三位一体"的托管金融服务架构，有效提升客户服务、营销组织、业务管理、法务审核、风险控制、产品运营、科技建设的专业性和高效率。

一、加强分析研究，提前布局客户所需，发展再上台阶

兴业银行坚持打造专业的研究团队，实时捕捉行业动向，根据市场变化、政策调整，全面满足客户对托管业务的金融服务需求。截至2016年末，在线托管产品21 457只，托管资产净值规模94 423.07亿元，同比增幅30.89%；全年实现资产托管中间业务收入43.51亿元。根据银行业协会统计，兴业银行托管规模列全行业第三位；信托保管规模、证券公司客户资产管理产品托管规模均位居全行业首位；托管中间业务收入列全行业第二位。期间，在青岛设立直属总行的兴业银行资产托管（青岛）中心，作为辐射全国的银行托管结算服务平台，对于探索在我国建设财富管理专业化金融基础设施，提升金融专业服务保障能力和辐射带动效力有着积极的意义。

二、创建托管业务"大中台"流程，使风险管理、内控合规、法务审核有机统一，提升工作效率，强化客户服务

为更好地服务客户，有效应对托管业务法规、监管政策的变化，提升合同协议文本的审核效率，落实风险管理政策和基本制度，兴业银行在托管中台创新服务模式，充分满足了客户在实际业务运营中的各种需求。一是全面提升托管业务合同协议审查的工作效率，实现一个工作日内完成普通文本审核，二到三个工作日内对复杂项目文本出具审核意见。二是加强与客户的沟通联系，搜集客户的诉求与意见，改进服务模式，制订高效务实的解决方案，实现与客户的互利共赢。三是把握实质风险，设定合理的风险控制机制，吸取国内外先进经验，全面梳理现有各项制度流程，重新构建删繁就简、点面结合、精练实用的制度体系，进一步提高管理效率、控制业务风险。从银监会对兴业银行托管业务的检查以及会计师事务所的内控审计情况看，托管业务的风险控制始终处于一个较为有效的水平。

三、加大科技系统建设力度，强化科技服务客户的支持能力

兴业银行着眼先进机构、增加科技投入，加强托管业务信息系统研发力度。2016年，完成对非估值、合同管理、传真、托管客户关系管理、核心直连划款、深证通电子指令、中债登直连等系统和模块的优化；沪港通、深港通、个股期权、协议回购和分级基金等一批创新项目陆续投产。系统功能的优化改造确保了托管业务各系统单元的平稳运行，为托管业务的合同商谈、项目创新、产品运营提供强有力的技术保障。同时，兴业银行与全球知名托管行和具备国外先进技术的供应商保持联系，充分借鉴并引入国外先进托管系统原型和技术，先后启动托管产品与清算管理系统、托管估值系统和托管门户网站三大项目的建设工作，旨在提升托管账户的资金汇划效率和集中管理水平并确保托管资金安全；支持全球范围内全资产的核算估值、投资监督和信息披露等业务需求，以及高效支持处理托管大数据。

四、规范账户管理，保证运营安全，不断提升服务质量

兴业银行完善托管账户的开销户流程，将托管账户按不同客户主体进行分类管理，全面解决了在账户服务方面的客户需求。同时，明确了托管账户的操作标准，职责划分，有效提高托管账户的开销户效率，并增加托管账户管理的有效性。2016年，兴业银行继续以客户托管资产安全为己任，进一步保证运营安全、不断提升劳动生产效率，集中梳理托管运营流程风险点并制订了可行的解决方案，涵盖信息接收、指令审核、核算估值、资金划拨、系统操作等各个环节；实行银行间交易结算集中处理，显著提高了处理银行间交易的效率；进一步完善全行多层次托管运营体系，充分满足不同区域所在地的客户金融服务需求。

第十二节 广发银行

2016年,广发银行借助中国人寿全面入主的东风,坚持"向产品要收益、问管理要效益"的内生发展原则,力抓产品发展,优势产品、基础产品、创新产品多管齐下促收入;精细管理内容,架构管理、风险管理、系统管理齐头并进增效率。2016年末,广发银行托管资产余额达到20 429.55亿元,较2016年初增长30.21%;全行实现托管业务收入11.86亿元,较2015年增长89.15%。

一、重点产品持续夯实,市场地位不断加强

2016年,广发银行紧贴市场、抓住机遇,深挖已有客户合作潜力,大力拓展新客户资源,继续巩固基金、券商、保险、理财、信托等托管产品市场份额。

传统业务稳定增长。2016年,广发银行新增托管8只公募基金,公募基金托管规模迈入千亿元行列。针对券商产品、基金专户等业务,制订专项营销计划,利用市场热度较高的业务作为突破口,迅速做大规模。坚持不懈地以优质高效的托管服务、有竞争力的资金合作、多频次的代销合作等一体化金融服务方案不断提升服务水平,巩固客户基础。

期货保证金存管业务取得实质性突破。2016年,广发银行获得大连商品交易所期货保证金存管资格,并与5家期货公司成功签署期货保证金存管协议,为广发银行多元化期货业务的开展打下了良好基础。

立足全局,发挥集团内协同效应。广发银行深挖集团资源,努力推进与国寿集团及其下属公司业务,积极推进银保业务协同与合作。

二、围绕市场需求,积极开展产品创新

为实现托管收益来源多样化,广发银行坚持有开创、有节奏地

落实各类创新业务。通过大胆创新模式、严谨合规流程、优化操作效率，将市场开拓、风险防控、客户体验三者有效地结合起来，在创新创收的同时，预防潜在业务风险，赢得了客户赞誉。2016年，先后成功落地商业房地产抵押贷款支持证券产品、家族信托产品、慈善信托产品托管业务。

此外，广发银行密切关注市场动态，主动与重点客户联系，了解客户对此业务的需求，提早布局港股通业务，为业务创新工作奠定基础。

三、夯实基础管理工作，严守操作风险底线，保障安全运营

2016年，广发银行持续开展架构调整工作，推进总分行托管业务的组织架构改革，在分行试点成立资产托管部，加快托管业务在分行的普及。根据业务发展增速及运行情况，及时进行新营运模式的探索和调整。

围绕业务创新和运营保障，广发银行持续优化系统功能，在原有系统基础上，进行了全方位的优化升级工作，为业务发展提供了技术保障。完成了清算系统优化项目的上线工作，港股通、存单管理、ACS清算系统外币账户识别、清算电子化指令等功能模块顺利投产，业务流程更趋规范、高效。

为全面提升托管业务内部风险管控水平，提升托管业务市场形象，广发银行引入安永会计师事务所开展ISAE3402托管业务国际审计鉴证工作，并取得无保留意见，有力推动了业务开展。

第十三节　平安银行

2016年，平安银行着力构建"总分一体、统一布局、前置营销、贴身服务"的营销体系，围绕"经营生态化、服务综合化、管理精细化、流程自动化、产品领先化"工作方针，强力提升托管+外

包+创新增值三位一体的综合服务,全力打造一站式泛资产托管服务平台。截至2016年12月末,平安银行托管净值规模5.46万亿元,较上年末增加1.77万亿元,增幅48%。

一、分层经营,提升托管业务运营能力

平安银行2016年在全辖范围推广资产托管业务垂直管理,充分调动和最大限度激发各经营机构开展资产托管业务的积极性,构建平安银行"不一样"的托管优势,真正实现"托管业务全行办"和做强做大平安银行资产托管业务的战略目标。各运营机构按优化后的分类经营管理政策,积极推动建立分行独立托管运营团队,培养专业托管运营团队。

截至2016年12月末,平安银行已有五家一类授权分行和20家二类授权分行,全年共有十三家分行已启动独立运营,在北京、上海、深圳建立了三个托管运营中心,专业的服务团队可为资产托管客户量身定做属于自己的资产托管服务方案。

二、优化服务,提高托管业务服务效率

2016年,平安银行已设立专门的资产托管行业客户服务中心,全面引入国外托管行的先进客户服务经验,加强与境外知名托管行的交流合作,进行专业知识和业务培训,建设专业高效的客户服务团队,通过打造全新客户服务中心,实践客户分级服务,提高客户服务体验,提升托管业务服务效率。

三、科技领先,促进托管业务快速发展

2016年,平安银行依托领先先进的科技运营平台,整合资源、提升效率,逐步构建一个一站式、一体化、全方位的专业化金融服务平台。

打造"存管家"网络借贷资金存管平台。平安银行针对当前各类通过互联网渠道进行募集或交易的资金、各类交易所的交易资

金、各类预付金（卡）、各类保证金业务场景等，建立统一的资金存管平台，实现资金的分账管理、支付结算、资金存管。实现数据分析和业务管理线上化。通过自行研发的资产托管综合管理系统，实现托管业务相关信息数据的统一管理。依据积累起来的数据，逐步对信息进行多层次多维度分析，利用大数据技术进行数据挖掘，建立各类业务报表，助力业务分析和业务预测。

四、合规经营，为托管业务保驾护航

一是规章制度健全，系统体制完备。平安银行具备非常严谨和全面的管理规章制度、管理系统及稽核体制，2016年引进毕马威进行ISAE3402国际审计专项认证，按照达到国际标准化要求优化业务流程、开展内部控制。

二是落实全面风险管理理念，细化合规管理。平安银行加强研究并重点管控托管业务的主要风险类型，聚焦重点风险业务，研究新型托管业务，并建立横向部门协同、纵向总分一体的矩阵式风控体系。在贯彻风险管理理念的同时，强化业务巡检机制，有效管控风险下沉因素，加大风险管理专项培训，打造高素质、专业化的风险管理队伍，为托管业务保驾护航。

五、品牌建设，打造"托管，就是平安"的卓越品牌

平安银行通过"平安托管家""平安六星托管服务""平安多彩托管""平安云托管"四大子品牌共同打造"托管，就是平安"主品牌，形成品牌影响力。2016年平安银行相继在多家权威机构荣获大奖。

第十四节　上海浦东发展银行

上海浦东发展银行多年以来始终高度重视资产托管业务发展，并将其作为全行"十三五"战略规划中"三强三大"重点业务之

一。2016年，上海浦东发展银行以"做强托管业务"为目标，以一切为营销服务、一切为客户服务为出发点，积极进取、勇于创新，不断夯实业务发展基础，力促形成业务发展合力，守住合规经营和安全运营底线，取得良好经营业绩，行业排名稳步提升。

2016年末，上海浦东发展银行资产托管规模7.56万亿元，同比增长52%；托管中间业务收入34.24亿元，同比增长12%。托管规模同业排名第六位，托管费收入排名第五位，规模和中收同比均上升两位，荣获"2016金融界·领航中国年度评选——杰出托管银行奖"。

重点产品保持行业领先地位，排名稳中有升。证券公司客户资产管理托管规模1.53万亿元，同比增长22%；基金公司客户资产管理托管规模1.02万亿元，同比增长71%；信托财产保管规模1.19万亿元，同比增长62%；银行理财托管产品规模1.56万亿元，同比增长43%。

一、协同联动成效显著，业务增长形成合力

2016年初，上海浦东发展银行开展组织架构优化调整，将资产托管业务调整至金融市场板块，在板块内打造资产托管业务指标和客户综合营销的协同经营机制。与此同时，全行上下积极推进板块内、行内、集团内托管业务协同联动工作，取得良好效果，新的体制改革优势逐步显现，实现了托管经营和营销资源持续向外拓展。

二、产品创新卓有成效，细分市场保持优势

2016年，上海浦东发展银行密切关注市场动态，主动适应市场要求，准确判断、快速响应，市场营销和业务创新卓有成效。一是公募基金托管业务快速发展，2016年全年新增签约公募基金托管产品数量超过历年运营数量总和，产品推陈出新，涵盖"沪港通""指数基金""城农商行等机构定制"多项创新产品。二是创新推出私募基金募集监督托管业务以及份额登记和估值核算服务业务，与原有私募托管业务一起，形成更为全面的私募基金托管与服

务业务体系。三是利用资产证券化发展的市场机遇，积极营销股份制银行、城商行以及第三方机构的信贷资产证券化业务。四是加强各类第三方基金销售机构的市场营销力度，保持互联网托管领域业务优势。五是加强股权基金托管业务营销推动，成功中标多个重点项目，巩固市场领先地位。六是积极培育新型托管业务，促进托管业务可持续发展，推进保险专户资管托管、FOF基金托管、需要债券投资结算的理财产品托管等业务研发。

三、基础管理取得突破，服务能力持续提升

2016年，上海浦东发展银行托管业务在基础管理方面取得多项突破性进展，有助于打造上海浦东发展银行特色的托管业务核心竞争力，推动全行托管业务持续稳健发展。一是加大产品研发专业化力度，成立专门业务处室，承担全行资产托管功能性产品研发工作，成为前中后台无缝衔接的桥梁，快速响应市场需求。二是着手实施总行托管运营体制改革，打造托管集约化运营体系，解决操作风险分散的问题，强化服务支撑，构建专业、标准、规范、高效、低成本的特色化托管运营服务模式。三是新一代托管系统一期、二期年内成功上线并稳定运行，自动化、流程化和批量处理能力持续提升，进一步提升综合服务能力，有效支撑业务快速发展。

四、风险管理持续强化，确保运营安全稳健

上海浦东发展银行持续加强制度建设，构建严密内控体系，2016年对全行所有托管现行制度进行全面梳理，逐步拾遗补阙。严控各类风险，高度关注客户资金产品边界风险和托管业务清算风险；要求全行严格按照合同约定和监管要求完整履行托管职责。组织开展全行托管业务运营应急演练和总分行托管业务全面自查，研究推动总行建立对外清算的应急机制。持续开展运营流程优化，严守操作风险底线，确保安全运营。推动托管运营流程再造，细化服务标准，打造一站式客户服务体系，全面提升客户满意度。

第十五节　恒丰银行

2016年，恒丰银行紧紧围绕董事长提出的"1112·5556"工程、"12345"行动纲领、"五大板块、七大银行"等系列治行理念，不断夯实内控管理基础，加大产品创新力度，提升托管业务服务水平，实现托管业务跨越式发展。2016年，恒丰银行托管资产规模18 144.63亿元，同比增长93.52%；实现托管费收入12.05亿元，同比增长31.37%。

一、业务合作范围不断扩大，产品创新力度不断加强

2016年，恒丰银行通过加强总分联动，加大产品推动力度，实现托管业务合作伙伴及合作范围的双重增长。截至2016年末，与72家证券公司、50家信托公司、55家从事特定客户资产管理业务的基金子公司开展托管业务合作，客户覆盖率均超50%。特别是与东方证券、太平洋证券、海通证券建立了战略合作关系，通过"恒丰托管+券商业务外包"的模式，双方各自发挥专业优势，共同为私募基金管理人提供综合金融服务。恒丰银行紧紧抓住私募基金大发展的趋势，通过中国证券投资基金业协会平台数据、一线客户经理反馈等多种形式获取信息，进行源头营销，推动私募基金托管呈几何级数增长。截至2016年末，私募基金托管规模1 471.34亿元，较年初增加1 233.39亿元，增长达518.33%。新增公募基金招商招丰纯债债券型证券投资基金托管，为托管的首单可投资国债期货的公募基金，进一步丰富了托管产品种类。

二、梳理优化业务流程，切实提高运营效率

恒丰银行不断梳理岗位职责，优化业务流程，使托管业务各岗、各员、各环节能按照清晰、高效、流畅的流程运行，实现规范、安全、合规操作，打造优秀托管行形象。一是完善操作流程。在业务量爆发式增长的情况下，通过编写业务流程、制定业务操作

手册等措施，顺利完成全行3 977个托管产品的账户管理、估值核算、资金清算、复核托管报告等托管运营工作，全年继续保持零失误、零案件的良好纪录。二是优化业务流程。及时根据业务操作优化运营流程，提高运营效率，降低对客户的响应时间，提高客户满意度，进而增加客户黏性。同时，根据中国证券投资基金业协会的要求，对私募基金合同及托管协议的标准版本进行了修订，确保托管合同签订的规范性。三是持续加强系统升级。根据托管实务需求，不断更新系统，对资金清算、估值核算、投资监督及信息披露系统全面升级改造，实现清核联动，切实提高了托管运营效率。

三、健全完善制度体系，夯实内控管理基础

一是修订完善业务管理制度。业务发展始终坚持"制度先行"的原则，修订完善了《证券投资基金托管业务管理办法》《证券投资基金托管业务监督管理办法》《证券投资基金托管业务资金清算管理办法》等14项业务管理制度，新增了《P2P网贷平台资金存管业务应急预案》，确保业务管理制度不断得到完善和健全，做到业务专业性与独立性，服务个性化及差异化。二是加强制度执行检查。对部门内控制度执行情况进行检查，形成了部门内控制度评价报告。三是强化风险管控。通过查阅档案、业务谈话、盘点核对、实地核查等方法，对工作中存在的风险点实时监控、反馈、汇报并提出解决方案。对P2P资金存管业务进行风险排查，形成P2P资金存管业务风险排查报告，并根据监管的要求，制订P2P资金存管业务整改方案，并对P2P平台设立新的准入标准，推动业务合规经营。

第十六节　浙商银行

浙商银行资产托管业务自2007年起步以来，2013年11月取得证券投资基金托管资格，2014年12月取得保险资金托管资格。2016年，浙商银行积极贯彻落实"两最"总目标和全资产经营业务战

略,加快推进资产托管业务发展,2016年资产托管规模持续快速增长,一举突破万亿元大关。

一、托管规模与托管收入持续增长,托管产品种类齐全

经过几年的发展,浙商银行目前已拥有相对完备的托管业务资质,托管服务涵盖证券投资基金、证券公司客户资产管理、基金公司特定客户资产管理等多个业务领域。在托管规模方面,浙商银行全力推动托管规模增长,截至2016年末,全行资产托管规模突破万亿元大关,资产托管规模余额14 235.16亿元;在托管收入方面,浙商银行克服市场竞争加剧、行业平均托管费率逐年降低等不利因素,托管收入保持稳定增长,2016年,全年实现托管费收入19 233.21万元。

二、托管规模增速行业排名第一,基础客户群建设初显成效

一是托管规模增速排名全行业第一。2016年,全行托管规模处于持续增长状态,增长形势总体向好,2016年,浙商银行托管规模增幅位居银行业托管机构第一。截至2016年末,全行托管规模主要来源于理财产品、券商资产管理计划和信托计划三类产品,规模合计占全行托管规模余额超过70%。

二是基础客户群建设初显成效。通过加强创新、协同营销等方式加大基础客户群培育工作,通过全方位的综合金融服务,不断拓展基础客户群体,切实落实基础客户战略。大力推动各类资产管理产品托管业务,通过与合作机构的紧密协作,建立起了托管业务长期互利共赢的发展架构,截至2016年末,浙商银行已与国内多家证券公司、信托公司、基金公司等金融机构建立了托管业务的合作,为进一步拓宽多元化产品托管领域奠定了基础。

三、加强人员队伍建设，提升托管专业能力

一是明确分行托管业务主管部门职责与定位，设置专门托管业务岗位，负责指导和推动辖内托管业务开展。二是加强员工培训与人员队伍建设，浙商银行制订了专业队伍建设方案，通过开展现场培训、视频培训等形式多样的培训，对托管业务人员进行更为系统的培养，以提升业务人员的专业素养和营销技能。

四、完善内控建设，增强内控管理能力

持续加强内控合规建设，防范各类业务风险。一是开展制度梳理工作，修订托管业务管理办法及操作规程，下发投资监督、信息披露、资金清算、会计核算相关制度，优化托管业务操作流程；二是建立监督检查机制，定期开展操作风险和声誉风险自查工作、反洗钱风险评估、托管业务连续性管理工作；三是加强私募投资基金托管业务管理，制定业务准入标准，严防声誉风险。

五、持续加强系统开发，确保业务高效进行

根据业务发展方向和系统现状，确定了托管IT系统整体规划。一方面，完成估值核算系统、资金清算系统、投资监督系统和信息披露系统优化升级工作，实现了托管业务系统与核心系统的直连，极大地提升托管资金的汇划效率。另一方面，持续推进托管IT系统开发建设，2016年主导开发了资产托管业务项目管理系统、电子化智能支付系统和托管微信平台三大托管IT系统，提升了浙商银行的托管业务综合管理能力、资金清算支付能力和密切联系管理人的能力。

第十七节 渤海银行

2016年，渤海银行托管业务部根据全行"加快轻资产业务发展转型，深化业务创新"的统一部署，通过及时调整组织架构、大力开拓新兴业务、深入挖掘内部潜力、不断加强风控能力等措施，全

面推动渤海银行托管业务发展迈上新台阶。截至2016年末，渤海银行托管规模余额25 611.72亿元，比2016年初增长10 520.96亿元，增长率接近70%，实现托管收入7.95亿元。

一、及时调整组织架构，为托管业务的长远发展创造有利条件

随着业务的快速发展，原有的组织架构已经不能很好满足业务发展的需要，渤海银行通过大力推动托管业务在总、分行的组织架构调整，为下一步持续健康发展提供了有力的保障。

在总行层面，通过把原市场团队分设为市场营销团队和产品及业务推动团队，进一步加强市场营销、产品开发和业务推动工作。其中，市场营销团队重点开展总对总直营业务，通过招募营销精英、合理激励考核等措施，率先垂范，为全行开展行外资产托管业务积累经验、储备人才。团队分设以来，行外资产托管业务发展迅猛，托管资产余额达到6 261.53亿元，比2016年初增长3 492.07亿元，增长率达到126.09%。

在分行层面，积极推动托管业务发展较好的分行设立托管业务部，配备充足人员专职从事托管业务，分行托管业务的业务管理和市场拓展能力得到大幅提升。此举为托管业务在全行范围的长远发展创造有利条件。

二、紧抓市场机遇，大力开拓新兴业务

渤海银行敏锐感知市场的变化，在做好传统托管业务的同时，紧抓市场机遇，重点加强了互联网金融平台资金存管、私募投资基金服务等新兴业务的产品开发和营销力度。

在互联网金融平台资金存管业务方面，渤海银行增设专岗负责此项业务的开发与营销，先后与多家优质国有、上市公司设立的互联网金融平台签署了框架合作协议，推动系统对接，实现业务落地；通过加大对各类交易所的业务拓展，获得了大量的托管业务。

在私募投资基金服务方面,渤海银行迅速推出涵盖募集资金监管、份额登记、估值核算、TA资金清算、信息披露五项外包服务业务,实现了对私募投资基金等资产管理机构运营服务的全覆盖,很快在这项"蓝海"业务中站稳脚跟并取得了优异成绩。截至2016年末,服务资产管理机构17家,业务规模突破1 000亿元大关,在业内处于领先水平,成功打造了"渤海银行金管家"的业务品牌。

三、深入挖掘内部潜力,提升运营服务能力

渤海银行通过持续的内部挖潜,不断提升工作效率,提高工作质量,运营服务能力得到显著提升,具体采取了以下措施。一是进一步完善了大资管业务辅助台账业务系统的管理功能,明确产品基本信息和管理要求,自动化生成实收资本、投资业务凭证,实现托管产品现金流预测和信用违约发现功能,有效加强了托管产品管理,提高了会计核算工作规范性和准确度。二是全面实施电子档案管理,实现对产品档案的多维度检索查询。三是大力推广托管网银,支持客户通过该系统进行指令发送、查询指令状态、定期报告、各类通知公告、研究报告等,全面提升客户体验。四是打通深圳金融结算系统划款通道,实现向境内29家行7×24小时划款功能,切实提高业务直通式处理能力。五是实现清核联动,实现"付收益""付托管费""付管理费""付其他费用""银行结息"等几大类凭证的直通式处理功能。

四、进一步加强风险控制工作,打造合规经营的内控文化

渤海银行通过采购ISAE3402鉴证服务,对托管业务的风险管理、内部控制、流程设计和IT系统建设中存在的潜在缺陷进行了全面、系统地梳理并及时予以整改。同时,及时对涉及托管业务的制度、流程进行了全面的梳理和修订,并认真组织学习;在各团队设立业务督导岗,由资深业务人员兼任,确保各项业务要求得到有效落实。通过以上措施,打造了人人重制度、人人懂制度、人人守制

度的内控文化，托管业务的风险控制能力得到了全面提升。

第十八节　中国邮政储蓄银行

2016年宏观经济继续保持新常态下的调整态势，中国邮政储蓄银行紧抓"大资管时代"托管业务发展机遇，顺应资管市场与投资需求多元化发展，充分利用行内外资源，不断夯实业务基础，开拓市场营销思路，托管业务规模保持快速增长，市场地位进一步提升。

一、托管规模再上新台阶，市场地位持续提升

2016年末，中国邮政储蓄银行托管资产规模突破4万亿元，总规模达4.17万亿元，较年初新增1.92万亿元，增长85.36%，增速接近行业平均水平的2倍。托管资产规模居行业第13位，市场份额由2015年的2.57%稳步提升至2016年的3.42%。产业基金托管规模达1.84万亿元，居行业领先位置，树立了政企托管专家的服务品牌。

二、服务政企托管领域，为实体经济发展保驾护航

2016年，中国邮政储蓄银行顺应时势，紧跟政策导向，在社会融资结构调整及国企改革的大环境下，积极开拓银政企合作的资本市场，落实服务实体经济的责任方针，投资项目全面覆盖国家级产业基金。依托"投资+托管"的投托联动体系，中国邮政储蓄银行在多个国家重点项目托管领域实现新突破，特别是在专项基金及产业基金托管等领域，形成了自身的优势与竞争力。一是坚持以专业高效的托管营运能力为专项基金支持实体经济发展保驾护航，担当国家经济转型期托管服务责任行的市场角色；二是顺应国家产业转型升级战略部署，积极参与产业基金托管项目领域，全年成功中标3个产业基金托管项目，实现了政府性股权类托管项目的突破。

三、提升科技支撑能力，引领托管业务创新发展

一是在传统功能优化方面，中国邮政储蓄银行完成公司系统接口、国债期货、股指期货、QDII等十余项功能升级，对业务运营质量及效率提供有力保障，不断提升自身的技术竞争力；在新系统建设方面，成功研发并上线资产托管网上客服系统，实现了业务处理与客户服务的智能化与电子化，切实提升托管客户体验度。

二是积极投身区块链技术的研究和布局，中国邮政储蓄银行基于区块链的托管系统于2016年10月上线，在真实的业务环境中顺利执行交易。基于区块链的资产托管系统，以区块链的共享账本、智能合约、隐私保护、共识机制为技术基础，选取资产委托方、资产管理方、资产托管方、投资顾问、审计方五种角色共同构建业务场景。中国邮政储蓄银行在托管系统应用区块链技术不仅具有国内银行应用金融科技创新技术的标志意义，而且为以后托管银行乃至整个资产管理行业的技术创新进行了有益尝试。

四、优化经营管理架构，全面升级托管综合服务能力

2016年，中国邮政储蓄银行将托管业务定位为战略性中间业务，以机构整合为契机，调整托管业务管理架构，着重加强能力建设，实现托管业务升级发展。一是全面完成了"一个总部五个中心"的运营体系搭建，北京、上海、深圳、广东、重庆五个分中心划片区集中运营部署，有力地支撑了区域内运营管理服务工作，同时有效结合三级运营模式，运营服务能力大幅提升；二是建立现场及非现场稽核检查工作的常态化内控机制，强化检查问题的后续跟踪和整改工作，并加强业务制度建设，规范业务操作，推进风控管理流程化、标准化建设，形成风险合规的闭环管理体系；三是不断强化托管专业化团队建设，倾力分支机构业务指导，以多种培训形式提升专业人才主动营销能力，多角度传达政策法规及风险防控要求，业务能力及风控水平均有显著提升。

第十九节 北京银行

2016年，北京银行资产托管业务紧抓"供给侧结构性改革"环境下资管市场发展机遇，开拓创新，业务发展取得新突破，年底托管规模近1.5万亿元，同比增长63.6%；坚持品牌化经营战略，提升市场形象与"托管家+"品牌价值；注重信息技术系统建设和人员专业化培养，提升服务效率和精细化管理水平；加强风险控制，严防托管产品操作风险和声誉风险，保持业务健康稳健发展。

一、坚守专业性和独立性，打造"托管家+"品牌价值

不忘初心，坚守作为托管人的专业性和独立性，以切实维护投资者的权益作为做好一切托管服务的落脚点，是北京银行"托管家+"品牌的独特内涵和托管服务的基本理念。同时，北京银行充分发挥"立足北京、辐射全国"的独特资源优势，形成托管与本行理财业务、债券投资业务、投资银行业务、私人银行业务、基金代销业务等各类相关业务资源的良性联动，为客户提供多项增值服务，提升客户体验。

二、覆盖全市场的产品线，满足客户丰富投资需求

北京银行顺应资本市场资产管理形式多样化、产品投向丰富化、交易结构复杂化的发展趋势，不断创新资产托管服务，根据资产管理机构管理形式的不同、委托资产投资方向的不同，开发新业务处理模块，制作标准协议文本，以高效率满足客户的需求，快速适应市场的变化。目前，北京银行托管业务覆盖各类资产管理产品类型，托管资产投资品种覆盖全市场，包括股票、债券、股权投资、债权投资、衍生金融工具等在内的各类投资品种。

三、系统开发不停步，以科技提升服务效率和管理水平

北京银行持续加大系统建设投入，不断优化资产估值系统、

清算交割系统、投资监督系统、风险管理和绩效评估等托管业务系统。同时，自主开发托管项目管理系统，实现托管准入管理、托管协议管理、托管账户管理、托管数据分析等业务模块的全流程电子化处理，使用科技手段提升精细化管理水平。

四、培养托管专业人才，建设专家式团队

北京银行不断加强托管团队的专业水平提升，注重培养精通托管产品交易结构、协议沟通、投资监督、核算估值等各领域的专业人才。积极参加行业协会的业务学习交流活动，及时学习并掌握新出台监管法律法规和政策文件，与时俱进、创新发展，打造专家型托管服务团队。

五、全面风险管理，保持稳健可持续发展

北京银行将托管业务纳入全面风险管理体系，设立托管业务风险控制机制，审慎进行托管项目准入，依照法律法规和托管协议约定，规范托管全流程运营，严格控制托管业务全流程操作风险，严防托管合作机构和产品自身风险对托管银行声誉的影响，保持托管业务健康稳健发展。

第二十节　包商银行

2016年，是"十三五"规划的开局之年，也是供给侧结构性改革的攻坚之年。面对错综复杂的经济环境，包商银行勠力同心、众志成城，以辛勤的汗水和卓越的智慧，实现资产托管业务爆发式增长，逐步在新兴托管银行中站稳脚跟。2016年末，包商银行托管投资组合693个；资产托管规模达到4 001.91亿元，同比增幅91.37%；全年实现托管费收入22 179.76万元，同比增幅121.60%；合作机构近200家。经过不断地探索、优化和创新，资产托管规模、产品数量、收入均取得了成倍增长的优秀成绩，荣获《中国企业报》"助力金

融创新资产托管"示范单位,品牌影响力及市场认可度不断提高。

一、锐意进取、创新开拓,打造托管撮合平台

包商银行秉承创新理念,力争打造独特的"托管撮合平台",充分利用托管业务覆盖面广、资源丰富的先天优势,对内整合行内资源,对外连接资金端、资产端和资管平台。通过创新服务模式打造综合服务平台,该平台能以客户为中心提供涵盖资产托管、产品设计、资金对接、资产推荐、代理销售等一站式、全流程、专业化的综合金融服务,加深了与客户合作的深度和广度,大大提高了客户黏性,在激烈的市场竞争中脱颖而出。

二、严控风险、合规运营,确保风险事件零发生

在不断扩大托管规模和服务范畴的基础上,包商银行始终把风险控制放在首要位置,建立了严密的内控制度体系,实现了事前、事中、事后全过程的风险管理制度。依法建立了资产托管内控制度,包括多项内控管理制度和部门业务规章,覆盖资产托管业务全流程的各个环节,将资产托管业务统一纳入银行风险内控体系进行管理。

2016年,包商银行紧抓合规建设,以过硬的风险把控,继续保持各类风险事件零发生。合规文化建设是确保银行稳健运行的内在要求,是银行提高制度执行力的核心所在,是银行适应外部监管要求的需要。包商银行制订了资产托管业务合规检查计划表,并严格按计划进度执行检查,组织开展部门自查,认真执行日常业务检查。积极响应监管机构的号召,组织人员详细解读和学习监管部门出台的各项法律法规,参加各类业务培训,真正做到合规经营。

三、优化流程、提升效率,提供高效安全托管服务

包商银行总行资产托管部设立在深圳,下设监察稽核中心、运营管理中心、市场营销中心和行政管理中心四个中心。2016年,为

满足客户多样化的托管需求，提供更加专业的托管服务，包商银行对托管业务流程进行梳理。在前端，制定管理人准入标准，通过评分表的形式量化评价标准，规范和整理尽职调查资料清单；在中、后端，绘制托管业务操作流程图，明确各个岗位的职责和分工，要求各环节操作明确到岗，降低各中心对接时的沟通成本，进一步优化业务流程，提升运营效率，为托管业务的开展提供高效、安全的运营支持和技术保障，大大提高客户体验。

第二十一节　上海银行

2016年，上海银行以构建精品"托管银行"的战略目标，致力于打造综合化、一体式的特色托管服务商，为资产委托人以及管理人提供全面、便捷的一站式金融服务。通过不断扩展产品线，丰富"大托管"业务内涵，全行资产托管业务继续保持快速发展，年末托管规模达14 302.28亿元，实现资产托管业务收入11.73亿元。

一、把握"大资管"机遇，托管业务发展态势良好

提升资产托管业务核心竞争实力。通过业务资质与产品创新两手抓，上海银行进一步丰富了资产托管产品类型，全力打造"大托管"服务平台。实现了首单保险债权计划托管及首单保险资金托管产品的成功上线，中标上海市产业转型升级投资基金托管银行项目、顺利上线上海银行首单家族信托产品、交易所理财产品托管等业务，获得上海股权投资协会颁布的最佳基金托管机构奖。

打好重点产品的"组合拳"。一是推进证券投资基金托管产品引进，年内新增9单公募托管产品。二是持续推广跨境资产托管，完成深圳市金融办QFLP基金托管资格备案，持续拓展QDII基金、自贸区跨境投资基金、上海地区QFLP等多类产品。三是推广资产证券化产品的托管业务，完成首单个人住房抵押贷款证券化（RMBS）产品上线。

深化私募机构综合金融服务。以私募投资基金服务为突破口，扩大在私募基金行业的影响力，形成资产托管与私募投资基金服务协同发展格局。同时，在与私募机构合作的过程中，深入挖掘潜在业务机遇，围绕客户"投、募、管、退"生命周期，总分联动、多部门配合，共同推进产品代销、财务顾问服务，提升与私募机构的合作黏度，年末私募机构合作数量增长58%。

聚焦互联网新型业态发展。一是抓住一系列监管政策红利，加快网贷平台资金存管业务布局，在实现首家P2P资金存管业务正式上线的基础上，进一步完善系统和支付渠道建设，推动该项业务快速发展。二是加大技术投入，推出"银商E户通"产品，为合格交易以及结算参与人提供在线签约、账户管理、资金监管、跨行收付款、结算对账、余额理财等交易保障服务，开拓业务新增长点。

二、精耕细作托管运作，大力提升托管运载能力

一是加强运能的统筹规划。依托全行资产托管条线，加强总行对运载量的规划、平衡，充分发挥总分行各自比较优势，实现不同产品的分层集中运作，实现运营产能"1+1>2"的协同效应。二是推动分支机构专业化运作能力建设。进一步深化"5+9"的运营体系，通过岗位带教、专题培训等方式提升从业人员实战能力，全面提升建设5家重点分行承接高复杂度产品的运作能力，以及剩余9家分行运作普通产品的效能。三是试点推广部分业务下沉至分行。将总行统一结算模式下经营单位开展银行间或交易所市场会计核算及对账工作下沉部分重点分支机构，进一步释放总行进行精细化管理的空间。四是减少运营冗余流程。通过系统开发、流程优化，减少产品核算、清算过程中的手工处置环节，缓解运作压力，并有效降低操作风险事件。

在全行从业人员总体规模不变的前提下，通过产品分类、运作分层、流程优化，积极谋求实现托管产能最大化，大幅提升托管队

伍的运载能力和质量,年末实现总体产能增长40%,全年运营总体平稳。

三、多措并举,全面夯实风险管理基础

建立健全稽核监督体系。在定期开展分支机构资产托管业务的各项检查的基础上,加强"问题驱动",提炼共性问题,梳理相关典型可复制的风险管理措施供全行参考,促进风险易发环节得到有效管控。加强稽核垂直管理,要求各分行统一配备稽核监督岗,提升其主动纠偏的能力,切实履行"第一道防线"职责。

加强从业人员管理。对全行资产托管从业人员全面施行了白名单备案制度,要求同时具备基金从业资格以及行内白名单备案资质。"双证"上岗的要求,既提高了员工对上海银行作业系统、业务流程、风险防范要点的掌握程度,也提高了员工对基金行业基础法律法规、职业道德的认识。

加强操作风险管理。全面梳理资产托管业务流程,明确各环节中的规定动作,制定资管业务"八项规范",有效提升了业务的规范性。与外部咨询公司共同推进操作风险与内控协同优化项目,准确识别业务固有风险,在借鉴同业经验的基础上,提出具体的风险管控措施,并制定关键风险指标,加强风险监控力度。

第二十二节　江苏银行

2016年,江苏银行以"托管+"思维为指引,以"强化内外融合、扩大客户规模"为主线,加快创新业务模式,着力调整业务结构,持续强化风险管控,不断夯实工作基础,进一步提升托管业务发展质效。截至2016年末,资产托管总规模达1.56万亿元,较年初增加4 993亿元,增长47%;全年累计实现税后中间业务收入3.28亿元。

一、突出工作重点,业务规模逐步提升

在2015年资产托管规模突破1万亿元的基础上,江苏银行对外强化市场拓展力度、对内提升基础服务能力,聚焦重点业务领域,努力寻求突破,带动业务规模的提升。一是做好行内基础资产的托管服务。加强与行内业务条线合作营销,提升联动效应,稳固行内托管资产规模。二是积极拓展行外资产。发挥区域资源禀赋优势,加强资源整合和条线协同,重点在信托资产保管、保险资金托管、私募产业投资基金托管等方面寻求突破,提高行外托管资产占比。三是大力推动公募基金托管业务。寻求合作伙伴,加大拓展力度,托管的基金数量由2015年1只货币式基金扩大至2016年末的10只,基金种类包括量化混合、混合打新等多种策略,基金托管规模为296.4亿元。

二、加速资质获取,市场空间逐步拓宽

江苏银行主动跟进各类资质申请进程,着力以新资质来拓宽业务发展新空间。一是获批债券受托管理人资质。主动跟进政策形势发展变化,加强与监管部门、券商等的对接合作,成为证券业协会会员单位,成功为东吴证券发行的86亿元短期公司债券担任受托管理人。二是升级会员等级。2016年6月,由中国证券投资基金业协会联席会员升格为普通会员,并申请获得了从业人员管理资格。三是积极跟进其他资质申请。持续跟进年金托管资质申请的政策变化,着手基金服务业务资格申请的系统准备工作。加入中国保险资产管理业协会,并积极申请独立监督人资质,拓展保险资金债权投资计划业务市场。

三、健全内控体系,系统功能逐步完善

江苏银行始终强化风险管控不动摇,主动跟进政策形势变化和同业新动向,健全完善规章制度,加大系统研发投入,确保资产托

管业务稳健合规发展。一是取得ISAE3402认证资格。根据安永华明会计师事务所ISAE3402鉴证服务反馈意见，对七项制度部分条款进行了修订，新制定下发了《资产托管部实物资产交割及保管业务操作规程》《资产托管系统逻辑访问控制制度（试行）》《资产托管部投资监督操作规程（试行）》四项制度，并顺利取得ISAE3402认证资格。本行资产托管业务在内部控制、安全保障、运营效能等方面得到了外部专业机构的认可。二是完善内部控制体系。对重点产品规章制度、协议文本进行"回头看"，进一步完善相关条款，适时修订相关内容，切实保护资产托管业务参与主体的合法权益。紧跟外部监管政策变化，完善业务报批流程及风险管控举措，确保业务发展不突破监管底线。三是加大系统研发投入。针对非估值类"三管"业务，联合研发资产托管综合业务平台，顺利实现托管业务管理系统的投产上线及与集中作业中心的对接。实现托管清算系统与现金管理系统直连，大大提高了资金划付效率与业务承接能力，有助于全方位保障客户资金安全、实现客户信息共享。完成托管估值核算系统与代客理财系统对接开发，通过系统对接提高了理财业务的处理速度，保障本行客户理财资金安全。

第二十三节　南京银行

2016年是南京银行资产托管业务发展的第三年，南京银行秉承"稳健"的经营风格，实现了"一年打基础，二年上台阶，三年大发展"的目标。2016年，南京银行积极整合业务资源、创新托管业务合作模式、强化基础管理和系统研发、优化简便业务流程，积极打造"鑫托管"业务品牌，提升托管业务服务水平。截至2016年末，南京银行托管业务规模达到15 238.30亿元，超过全行表内资产规模，较2015年末增长6 125.58亿元，增幅67.22%。

一、多维拓展，推动资产托管业务规模上新高

2016年，南京银行在托管业务上深耕细作，不断丰富服务客户的方式，积极挖掘业务合作的机会。通过与客户开展各种交流活动，为客户提供以托管为纽带的交流平台，加深客户黏合度；系统梳理业务区域和重点客户，有针对性地开展专人、专项服务，提升客户满意度。同时，充分借力"鑫合金融家俱乐部"平台，以"服务中小城商行及农商行"为宗旨，积极拓展服务渠道，并联动行内相关部门、各分行开展交叉营销，推进综合化经营。在产品创新方面，南京银行与法国巴黎银行落地了首单QDII托管业务，开启了境外资产托管业务合作模式。截至2016年12月末，南京银行资产托管业务时点规模15 238.30亿元，较2015年末增长6 125.58亿元，增幅67.22%；资产托管产品组合1 630个，较2015年末增长670个，增幅69.79%，实现托管费收入19 737.29万元。

为更好地服务托管客户，共享上海金融中心的机构资源，2016年8月，南京银行资产托管部顺利搬迁上海，保证了业务的连续、稳定发展。

二、提升系统，打造托管业务运营服务新优势

2016年，南京银行结合市场需求，开发建设了"鑫托管"业务管理系统。该系统具备业务审批、合同审查、用印管理、指令审核、非标业务账务处理等功能。"鑫托管"系统的上线运行，缩短了指令处理时间，提升了业务运营效率，提高了客户满意度。此外，为满足业务发展需要，南京银行还启动了交通银行银银平台系统、外汇交易中心数据处理系统、QDII托管系统等建设工作。

在推进系统建设的同时，南京银行持续优化业务流程，释放运营效率，产品支持与运营支持前置，实现被动服务向主动服务转变。

三、完善风控，夯实托管业务基础管理强核心

南京银行始终坚持稳健经营，把流程梳理、操作风险管控作为基础管理提升的核心工作。结合新系统上线，在项目立项、合同审查、账户开立、资金清算和指令处理等业务环节上，重新梳理流程，明确岗位职责，强化规范性操作要求。对托管产品的立项环节进行了严格把控，所有产品的立项集中由总行审批，并对风险较高的业务实行准入管理，从业务源头杜绝风险转嫁和渗透。在稽核检查方面，持续开展内部控制评价及托管业务专项审计工作。在制度建设方面，根据业务发展情况不断完善制度建设，加强事前、事中和事后的风险控制，切实履行托管人职责。

第二十四节　杭州银行

继2014年、2015年连续高速增长之后，2016年杭州银行在取得托管资格的第三年着力深化精品托管服务，获得市场和资管机构认可，托管规模和收入均再次实现翻番。截至2016年末，托管产品规模已达到9 452亿元，同比增长108%；托管费收入13 578万元，同比增长114%；已上线托管产品2 876个，同比增长108%。托管规模和收入增速均进入行业前四，托管资产规模大幅超过本行资产，收入迈上亿元台阶。

一、积极拓展主流托管市场，托管规模增幅位居行业前三

2016年，以银行同业资金、理财资金等为代表的机构类投资业务成为资管行业主要的增长点。杭州银行抓住这个契机，大力拓展证券投资基金、证券公司客户管理资产、基金公司客户管理资产和理财产品等主流托管市场，帮助机构投资者和资管机构实施投资计划、实现投资目标。其中，证券投资基金获得重大突破，由2015年的2只增至9只，托管规模达到168亿元。基金公司客户管理资产托

管规模达到2 916亿元，同比增长180%，合作的基金公司数量扩大至65家。证券公司客户管理资产托管规模达到1 917亿元，同比增长103%，合作的证券公司数量扩大至45家。与城商行和农商行在理财产品发行和投资方面的合作继续扩大，银行理财产品规模达到3 245亿元，同比增加1 339亿元，合作的银行数量扩大至37家。2016年1月取得保险资金托管资格后，积极营销保险资金托管，至年末保险托管规模也达近100亿元。主流托管客户的认可，使得杭州银行托管规模增幅排名位居行业第三。

二、"极速、便利、多赢"丰富和深化杭州银行精品托管服务

杭州银行以安全、专业、贴心的清算、核算和投资监督等托管运营服务作为基础，叠加"极速、便利、多赢"的独特价值，丰富和深化了"杭银精品托管服务"。在合同审阅环节，搭建绿色通道，提高法审效率，最快2个工作日完成签约。在资金账户管理方面，做到一天开户，一级账户次日可用，二级账户当日可用。证券类账户全部实现非现场资料提交，中登在线开户，人行在线备案，中债在线开户，大大缩短了开户时间，助力委托人对投资机遇的及时把握。在清算效率方面，急管理人之所急，指令分类处理，优先投资指令，最快分钟级完成出款，确保投资及时完成。与管理人的电子指令渠道成功搭建，使得指令直通成为可能，大大提高了清算效率，降低了操作风险。在估值核算方面，凭借团队扎实的业务功底，高效的估值核算系统和高度电子化的对账模式，有效确保了各类型资产的会计核算与各项财务数据复核的准确性与及时性。与此同时，在新兴业务核算方面杭州银行有着迅速响应机制，能于第一时间完成线下的业务培训和线上的系统改造，以满足管理人对资产公允估值的需求。

系统建设加速。杭州银行年内上线了自主研发的托管业务管理

信息系统，实现了业内领先水平的托管业务全生命周期无纸化、信息化、电子化管理，大大提升了业务的运作效率。面向管理人的服务渠道——杭州银行托管服务平台也已上线，并同时完成微信端的研发，即将投入使用。届时，杭州银行托管服务平台将覆盖直连、邮件、PC端、微信端和手机短信等全部电子化渠道，为管理人提供极大的操作便利。

三、完善风控措施，加强风险管理

杭州银行坚持合规经营，对各个不同类型的产品都有相应配套的风控措施，设有对应的托管业务管理办法、业务操作规程、内部稽核检查制度。2016年，证监会和中国证券投资基金业协会针对私募基金的市场情况，连续颁布对私募基金新的管理法规和指引，杭州银行积极落实，对风险较大的私募基金托管业务的准入和后续运营制定了更严格的条件和要求，并对存续业务展开自查，杜绝非法集资，杜绝不合格管理人和产品的进入，保护了投资人的利益。2016年，杭州银行风险管理部对资产托管业务开展了全面检查，内容涵盖资金清算、资产估值、交易监督、营销管理的各个环节，为托管业务持续健康发展保驾护航。各项风控措施的实行，确保了杭州银行资产托管规模高速增长的同时，业务零差错、零投诉。

第二十五节　宁波银行

2016年，宁波银行以"为大资管生态圈的各类参与者提供卓越服务"为业务方向，大力发展资产托管业务，实现了规模收入、客群覆盖、品牌影响力、风控口碑的全面提升。

一、业务持续增长，客户黏性增强

截至2016年末，全行托管各类资产总规模达到27 752亿元，同比增幅为59.5%，实现托管费收入42 114万元。通过优质的服务，有效的营销手段，托管业务基础客群持续扩大，全行托管总客户数达到428家，行业占比达到82%，其中基金、证券、信托、银行、保险五大客群客户数达到345家；全年新增公募基金托管17只，公募托管排名第十六位，名次提升六位；签约三方存管合作券商45户，涵盖经纪业务排名前三十的券商。

二、不断优化创新，完善系统功能

2016年，宁波银行对托管业务系统不断进行优化创新，形成了一定比较优势，提升了整个业务流程的顺畅程度。

一是实现了与市场主流资管系统的总对总直连，托管直连文档不断得到完善，同时创新性地推出了产品初始配对接口，大大提高了非标产品的直连对接以及后续的维护效率。

二是行业内率先推出了委外业务管理系统——易托管委托人版本，解决了委托人无法及时获取项目数据而不能进行有效投后管理的痛点。

三是开发内部新一代托管核心，实现估值核算业务的切片化处理，大大提升业务整体直通化率。

三、强化品牌体系，完善服务种类

品牌建设方面，宁波银行于2016年1月、8月，分别在北京、上海、深圳等地举办易托管旗下易服务、易直连和易存管三个子品牌发布会，推出外包服务、托管直连和三方存管服务，进一步延伸客户服务范围，提升客户服务体验。此外，通过易托管微信服务号"小易"，以线上、线下结合的形式持续推出多项客户喜闻乐见的主题活动，进一步做强易托管品牌影响力。

产品拓展方面，一是公募基金托管，2016年新增公募项目数26个，新增规模521亿元。二是基金服务业务，从客户体验出发，针对风险把控、成本测算和应急预案等客户痛点制订了详细的业务方案，截至2016年末，已成功为35家客户提供了优异完善的外包服务。三是三方存管业务，截至2016年末，宁波银行三方存管业务累计签约证券公司49家，实现客户签约120 850户。

四、严守安全底线，夯实风控体系

2016年，宁波银行严把风险关，不断强化风控措施。

一是在资产托管条线内按季、按月组织自查，包括资金清算业务自查、风险专项自查、系统运用自查、合同管理自查、外包服务自查、运营档案管理自查、托管账务自查、资金清算资料流程风险点专项检查等。

二是完善各类应急系统设置，保证业务顺畅性。建立托管业务应急中心，应对灾害发生；对行内电话录音系统进行软硬件升级，确保信息安全。

三是引入外部审计、鉴证，消除风控死角。2016年，宁波银行获得了由安永华明提供的ISAE3402 TypeII（2015）鉴证报告，报告对宁波银行托管业务内控体系、业务流程及信息技术方面的控制情况给予了无保留意见的控制设计合理性及运行有效性的鉴证。宁波银行成为当时国内唯一一家获得此类鉴证报告的城商行。同年，宁波银行取得由安永（中国）出具的外包服务尽职调查报告，成为行业内首家为管理人提供此项报告的服务提供机构。

第二十六节　广州农村商业银行

2016年，广州农村商业银行加强团队建设、制度建设、系统建设，夯实托管业务基础，持续提升业务处理效率和客户服务水平，托管规模稳步提升，截至2016年末，实现资产托管规模达7 099.99亿元。

一、创新托管业务培训体系，自主培养托管业务专业人才

广州农村商业银行资产托管部组织内部具有多年托管业务经验

的员工归类整理并建立了托管业务知识、规章制度、操作技能等方面的培训知识库,形成了500多道试题的培训题库,并将该题库上传到行内的移动学习系统。在此基础上,托管部主动联合行内培训部门,组织全行人员参与托管业务及产品的培训。通过这套培训体系,提高了行内人员对托管业务的认识与理解,为储备托管专业人才和全行营销奠定了重要基石。

二、全面提速托管业务系统的建设,提高托管服务水平和处理效率

广州农村商业银行对托管业务系统进行了统一规划,借鉴了业内优秀和成熟的经验和做法,制定了具有前瞻性的系统优化改造与建设方案。2016年,完成了沪港通结算业务系统改造、深港通结算业务系统改造、中债登非法人产品开户和证券账户电子化开户系统改造等工作;推动了银行间债券交易数据直连项目、托管账户银期自动转账项目、托管微信平台接入项目的开发建设;完成了托管综合业务平台的前期准备工作。

三、加大托管业务宣传力度,市场认可度提升

在托管业务宣传上,广州农村商业银行推出了新颖有趣、生动活泼的系列微信漫画和软文,普及托管业务知识,引发了资产管理与托管圈的关注并被广泛转发,使广州农村商业银行的托管业务情况在最短的时间内获得了较大的传播效果,一定程度上提高了广州农村商业银行托管业务的曝光度和关注度,收到了较好的营销效果。

四、强化风控,为业务稳健发展保驾护航

广州农村商业银行在快速发展托管业务的同时,不断理顺与完善资产托管业务流程,注重风险防控。随着新产品、新业务的出现,资产托管部更新了相应的内部规章制度和操作流程,2016年全

年以内部文件形式修订并下发了两份制度、三十八份管理要求，内容涵盖清算操作、核算操作、合同签署、系统运行、内部管理、应急管理和信息披露等方面，确保托管业务安全运营。

附件：中国资产托管行业2016年大事记

一、中国银行业资产托管规模突破百万亿元

2016年，中国银行业资产托管规模首次突破百万亿元，达121.92万亿元，同比增长了39.03%。托管资产规模占金融机构存款总额的比重以及占银行业总资产的比重仍呈现逐年递增态势。

二、境外机构投资银行间政策进一步放开

2月24日，中国人民银行发布中国人民银行公告〔2016〕第3号，进一步推动银行间债券市场对外开放，投资中国银行间债券市场的境外机构投资者名单继续扩容。为商业银行服务境外机构，开展跨境资产托管业务开辟了新的业务领域。

三、《证券期货经营机构私募资产管理业务运作管理暂行规定》颁布

7月14日，中国证券监督管理委员会颁布了《证券期货经营机构私募资产管理业务运作管理暂行规定》，在正本清源、强化约束的前提下，重点对证券期货经营机构从事私募资产管理业务中违规宣传推介和销售行为、结构化资管产品、违法从事证券期货业务活动、开展或参与"资金池"性质的业务，实施过度激励等加强规范。该规定的颁布有利于引导资产管理业务回归本质，有利于充分发挥资产托管银行第三方独立监督作用，也对托管服务提出了更高要求。

四、《网络借贷信息中介机构业务活动管理暂行办法》颁布

8月24日，中国银行业监督管理委员会、工业和信息化部、公安

部、国家互联网信息办公室联合发布了《网络借贷信息中介机构业务活动管理暂行办法》，明确规定网贷机构应当选择符合条件的银行业金融机构作为第三方资金存管机构，对客户资金进行保管和监督。该办法的颁布为托管行业拓宽了业务领域，增加了新的业务品种。

五、人民币加入SDR

9月30日，国际货币基金组织（IMF）宣布，启用包括中国人民币在内的新的特别提款权货币（SDR）篮子，并宣布决定新定值期内SDR的货币量，为托管行业特别是跨境托管业务创造新的机遇。

六、基本养老保险基金托管机构选聘

11月29日，全国社会保障基金理事会发布公告，经过严格筛选，选聘四家商业银行作为基本养老保险基金的托管机构。基本养老保险基金市场化投资进程的加快，为资产托管银行带来新的业务增长空间。

七、基金管理公司子公司监管趋严

11月29日，中国证券监督管理委员会发布《基金管理公司子公司管理规定》以及《基金管理公司特定客户资产管理子公司风险控制指标管理暂行规定》，围绕净资本、风险资本以及风险准备金制度提出了一系列监管要求，引导"去非标、去通道"的主动、规范管理。基金子公司产品托管也将面临变革。

八、深港通落地

12月5日，深港通正式启动，标志着我国资本市场对外开放更进一步，我国资本市场将进入互联互通的时代。有别于2014年11月开通的沪港通，深港通在标的股票范围、标的调整机制、投资额度管理等方面进行了区别化设计，也对托管银行提出了更高的要求。

九、中国信托登记公司成立

12月26日,中国信托登记公司成立,作为我国信托行业基础设施建设,有助于提升信托产品流动性,逐步解决产品的非标转标以及财产权风险隔离等问题。托管制度的安全保管职能将为信托二级市场的规范发展保驾护航,同时当前信托财产保管服务也将随之升级。

十、产业基金领域托管业务取得丰硕成果

2016年产业基金发展迅猛。产业基金能为基础设施建设、PPP项目提供长期的低成本资金,也能为上市公司定增或企业海外并购提供配套资金。产业基金的发展带动了产业基金托管业务的快速增长。

后 记

《中国资产托管行业发展报告》是中国银行业协会托管业务专业委员会组织编写的，面向全社会集中发布中国资产托管行业的现状、创新与发展的一份权威性报告。今年的报告着重论述在供给侧结构性改革的大背景下，中国资产托管行业的出路。报告从提出供给侧结构性改革对资产托管行业发展的新要求为起点，深入分析资产托管市场的现状及其面临的政策环境，总结了2016年资产托管行业响应供给侧结构性改革而进行的转型、升级举措，并在此基础上指出资产托管行业的发展趋势与方向。

《中国资产托管行业发展报告（2017）》在中国银行业协会托管业务专业委员会所有成员单位的共同努力下，历时4个月完成，凝聚了中国资产托管行业的集体智慧。2017年的行业发展报告由中国农业银行牵头，中国工商银行、中国银行、中国建设银行、交通银行、中信银行、中国光大银行、中国民生银行、兴业银行、广发银行、平安银行、上海浦东发展银行、渤海银行、杭州银行、宁波银行和广州农村商业银行共同组成行业发展报告课题组参与编撰。

在报告的编写过程中，各成员单位资产托管部门积极参与，提供了大量有价值的素材和建议，中国银行业协会黄润中秘书长亲自指导。本次报告的顺利完成，离不开课题组组长单位中国农业银行的高度重视与各组员单位的大力支持与配合。中国农业银行作为组长单位，由托管业务部邓剑军副总经理亲自挂帅，抽调多名业务骨干组成报告编写团队，课题组其他成员单位也委派业务骨干参与报告编写。报告第一章由中国农业银行、中国光大银行、宁波银行编写，第二章由交通银行编写，第三章由上海浦东发展银行、中国银行和渤海银行编写，第四章由中国建设银行、中信银行、平安银行和杭州银行编写，第五章由中国工商银行、中国民生银行、兴业银行和广发银行编写，第六章由中国银行业协会托管业务专业委员会各成员单位各自编写。本次报告在编写过程中，共组织了两次集中讨论，四次撰稿和修订。编写后期，在中国农业银行托管业务部邓剑军副总经理、中国银行业协会协调二部马丽主任带领下，协调二部刘婧元、靳红伟，中国农业银行张薄洋、李亚红、任航、李步云，中国银行倪娜，中国建设银行周毓彤，交通银行唐丽，中国民生银行许照春，上海浦东发展银行崔莹，杭州银行吕舒雯、广州农村商业银行袁静等同志对行业报告进行了封闭统稿和最终修订，代表全体行业发展报告课题组成员，向关心资产托管行业发展的各界机构和人士递交了一份满意的答卷。全书由张薄洋、李亚红、刘婧元、靳红伟总纂，郭明、许照春、李国杰、刘悦、陶能锋、杨帆、曾心、曹梦缘、刘芳、张菡对报告进行了部分修订工作。在此，向托管业务专业委员会各成员单位及课题组成员表示诚挚的谢意！

由于编者水平有限，不当之处在所难免，敬请读者批评指正。

《中国资产托管行业发展报告（2017）》课题组